美酒成都堪送老

目录

第一辑 生活趣

- 序 ……… 001
- 慢食风景 ……… 061
- 成都人的生活主义 ……… 002
- 成都饭馆 ……… 064
- 我的深夜食堂 ……… 067
- 成都人的消费空间 ……… 006
- 隐藏于市的苍蝇馆子 ……… 070
- 方言里的成都 ……… 009
- 舌尖上的夏日 ……… 012

第三辑 街巷里

- 慢生活，快成都 ……… 028
- 成都城市空间进化史 ……… 074
- 跑步在田园城市的边上 ……… 024
- 文化地标里的生活 ……… 078
- 沉醉不知归路 ……… 020
- 摩诃池：唐朝成都中央公园 ……… 081
- 坐公交车旅行 ……… 016
- 散花楼记事 ……… 084
- 川园子的气场 ……… 031
- 从少城公园到人民公园 ……… 087

第二辑 饮食谈

- 成都的天空很荒木经惟 ……… 034
- 华西坝上 ……… 093
- 吃在成都 ……… 038
- 科甲巷的千年传奇 ……… 097
- 泡茶馆的文化人 ……… 042
- 染房街布后街 ……… 101
- 春节生活指南 ……… 045
- 闲话布后街 ……… 104
- 川菜的古早味 ……… 048
- 茶店子旧事 ……… 108
- 小吃的世界 ……… 051
- 消失的街巷 ……… 112
- 食器琐谈 ……… 054

第四辑 文化志

- 吃货的精神 ……… 057
- 杂志的死与生 ……… 115
- 川菜的误解 ……… 059
- 在成都，阅读书店 ……… 119

目录

博物馆之城 …… 一二二
书场：娱乐的天堂 …… 一二五
谐剧之下的巴蜀笑星 …… 一二八
花重锦官城 …… 一三一
诗人啸聚的江湖 …… 一三五
那些年的文学杂志 …… 一三八
成都画派的风流 …… 一四一
NGO 文化的未来 …… 一四四
越来越少的名人故居 …… 一四七

第五辑　成都人

成都人：自恋的「妖怪」 …… 一五一
傅崇矩和《成都通览》 …… 一五五
周孝怀的社会改良运动 …… 一五八
王闿运与蜀学 …… 一六一
张大千的成都地图 …… 一六五
江梵众的圈子 …… 一六八
严谷声和贲园 …… 一七二
张充和在成都的岁月 …… 一七五
文字侦探流沙河 …… 一七八

吴鸿：埋首书林　成都叙述 …… 一八一
后记 …… 一八四
参考书目 …… 一八六

美酒成都堪送老

序

倘若考察成都的荣誉，秦时成都的商业发达，即已成为全国大都市，西汉时成都成为全国六大都市之一。

中晚唐时有"扬一益二"之称,再后来,"历史文化名城"、"世界优秀旅游目的地城市"、"世界美食之都"……可谓林林总总。对长期在此居住的人而言,这种外在的美誉,并不能转化为日常生活里的幸福指数。这些年,关于成都的书也有不少,不管是称其为"耍家天堂",还是"世界美食之都",都只是它的某一面。

"少不入川,老不入陕",这句话时常被理解为,成都生活的安逸、舒适会消磨人的意志,从而难以有大的作为。事实上,并不完全是这么回事。毕竟休闲生活是需要成本的,倘若是过着朝不保夕的日子,岂又能有休闲的心态?更不要说有休闲甚至享受的可能了。至于我们平时所说的城市性格,也常常是一种概括、观察,若没有深入到城市内部去,即对日常生活的观察,可能就得不到更多具体而微的生活细节。

写一座城市生活与文化的变迁,固然要考察其来源,不可忽略的现象是对社会运行肌理和社会常态的关注。譬如学者王笛对成都街头文化的观察,至今依然部分有效,而生活与文化的演变,是伴随着经济、社会的变化,反映在文化上也是有自己的特色:传统与时尚在成都都随处可寻见。这并非是成都人多有创新意识,而是敢于尝鲜的结果。

《美酒成都堪送老》出自李商隐的《杜工部蜀中离席》:"人生何处不离群,世路干戈惜暂分。雪岭未归天外使,松州犹驻殿前军。座中醉客延醒客,江上晴云杂雨云。美酒成都堪送老,当垆仍是卓文君。"城与人是《美酒成都堪送老》的主题,但一些为大众所知的地方诸如武侯祠、文殊院、杜甫草堂等地并没有在这里出现,事实上,对这些景点的书写已有很多,也有专门的图书予以介绍。这里并非是关于成都的百科全书式的书写,也不像《成都通览》那样,直接记录一个时代的风貌,而是想从另外的视角对这个城市予以勾勒。

对老都市的书写,在前几年颇为流行。做这样的工作固然是大有必要,相对于传统的书写方式,《美酒成都堪送老》所游走的地方则是历史与当下,这种交错方式很容易让我们读懂城市。此外,在对老都市的书写方面,许多人都做过尝试,我大可不必重复劳动,而只选取尚未被大众所熟知的角度去观察,这既是补缺,也能弥补某些叙事上的不足。

倘若给成都以一个精准的定位,不难发现,它虽是内陆城市,却有着开放的心态,容纳一切(与利益无关)事物,几乎可以与海上思维媲美。在普通市民生活里,

序

没有所谓的城市战略思想,而是在日常生活中,多一些满足就好(欲望是永远满足不了的)。于是,乐观、自由表达思想(当然是有限度的)等,成为关注点。这一点,对成都人来说,已经足够。

近几年,成都官方认为,所谓成都,即"财富之城,成功之都"。成都人可能并不在乎所谓的成功学,这常常被解读为小富即安。这实在是不大懂得成都人在生活、职场、饮食上的认真态度。此外,城市的空间局限,可能决定不了思想上的高度,成都人更习惯于用幽默的方式表达出来。

对成都的解读,不同的人会有不同的视角,倘若缺乏了个性和思想,可能就不能够更好地传达成都思想——如果有这样一种思想的话。不过,这都无关紧要,而在这里所作的尝试不管是否有多大进步,都是在努力解构成都。

成都是这样一个城市:哪怕你从异乡飘来,只要肯努力,就能够收获成就。作为一个移民城市,它所包容的不仅仅是人的去来,也包括思想。从湖广填四川开始,至今这个过程仍在继续,成都这座城市的融合能力超过了本土意识,这有些背离所谓的盆地意识。这才是成都的精华所在。

成都这几年也在遭遇塞车、雾霾等大城市病。因此,这不是对成都赞美的一册书,而是通过日常观察来发现它的美好与不足。在城市化进程加剧的今天,如何保持城市发展与人的幸福度结合到最适宜的状态,是一个永不完结的课题。对这一过程的关注,即是对成都未来的关注。因此,通过这样的书写,我想发现这座城市的些许隐秘,它只存在于成都人的生活里。

二〇一四年七月三十一日

美酒成都堪送老

第一辑 生活趣

今天的成都以休闲和娱乐著称,被贴上这样那样的标签。相对来说,对一个区域或城市的不同探索,可能令人发现它的秘密。

成都人的生活主义

从这个意义上看,对成都的多种表象或具体现象的描述,让人领略到成都这个城市的生活空间多么丰富,而这样的探索,也很容易让我们看到成都作为西部的一个内陆城市,尽管距离北京、上海、广州都有相当的距离,但在生活资讯的传递、生活方式的发展,以及对生活产品的使用上毫不落伍。

美国社会学家凡勃伦在一八九九年出版的《有闲阶级论》里提出了广义的消费概念,他认为过度的消费是在一种希望炫耀的心理下被激发的。那么,这一理论在解释成都人的消费习惯时依然有效。在巴蜀文化研究专家袁庭栋看来,成都人的生活方式和消费空间是受多重因素影响的,并且逐渐发展形成了成都人的生活主义。

文化消费的空间

成都的文化具有包容性和开放性,这是跟四川的地理环境和生存条件息息相关的,由此产生的消费观念是值得关注的。成都人细腻、闲雅,对文化有一定的汲取、欣赏能力。宽窄巷子的老成都文化、文殊坊的佛禅文化、桐梓林的欧洲风情、远大的荷兰水韵、达达娃酒吧的丽江风情,统统都有所吸纳,以至于还出现了国色天乡这样几国文化杂陈的极端典型。

"不管会不会有人说这是不伦不类,但可以肯定的是,成都人对于其他文化种类是抱着敞开的胸怀的,只要你够美够好。为什么要搞南丝绸之路?并不是那时的四川人没有事情做,才搞出这个花样丰富生活的,事实上就是四川人有这个消费需求,才有南丝绸之路。另外,最迟在战国时就已开通了与西亚及东南亚的贸易交流。你看成

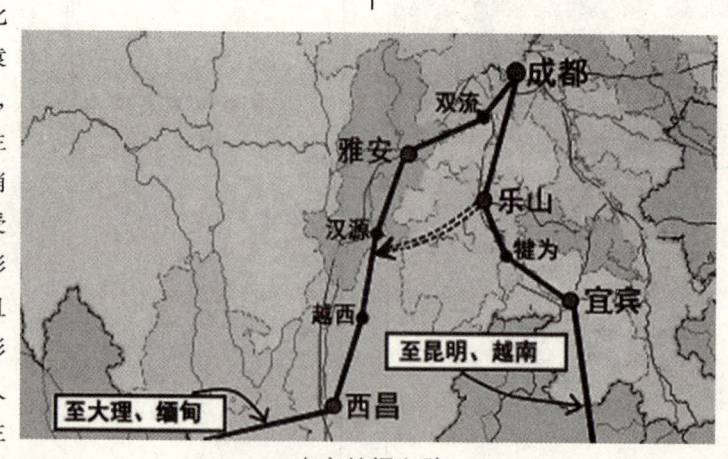

南方丝绸之路

都的消费能力在那时候就有这么多需求了。"中国近现代经济与社会研究中心主任王川对成都的文化消费有着不同的认识。

据史料记载,汉武帝时派遣张骞出使西域,张骞在阿富汗发现了四川的蜀布和邛竹杖。四川商人从国外带回来的金贝、玉石、琥珀、琉璃制品,这些商品在市场上需求有多大,虽然没有详细的统计数据,但从近年来邛崃平乐古镇的古道考古不难看出:汉代时期,这条古道应该是条羊肠小道,三层路面最下面那层红砂石路面,就是最早的道路,两米宽左右。而用小型鹅卵石铺就的四十厘米左右的凹槽,且凹槽被小碎石子填平过的路,就是在唐宋时期历经扩建修缮的道路。那时,它已成为茶马古道的重要部分,发挥着重要的交通作用。到了明清时期,它又再次经历了大的修缮,一些地方甚至铺上了我们现在看到的石板,可见它已经被作为了官道在使用,有专门的人对它进行维护,且这时的路已经宽到四米。这些道路的扩建和修缮,充分说明了当时的经济繁荣,以及茶马互市、贸易往来的程度。

成都在历史曾为蜀国国都,为传统的经济、政治、文化发展中心,多重文化交融和碰撞造成城市较强的包容性;且气候多为风调雨顺,物产丰富,从古自今成都市民有着优越的物质及文化条件,生活成本较低,可支配资金较为富足,故在日常商业消费环节表现为消费欲望强烈,非常舍得花钱。这样的观点已经被研究专家所公认。

"到了明清之际,湖广填四川,四川的文化就很多元了,各种文化杂糅在一起,这样的生存环境决定了四川人的适应能力极强,否则就很难生活下去。不管来自湖北还是广东,都能在这里找到栖身之处,并得以世代繁衍下来,而这很显然影响了四川人的消费习惯和观念。"王川教授认为。

事实上,对成都的文化消费空间的探索,让我们看到不一样的成都。为何成都会喜好新奇产品,对品牌的忠诚度不足从这里可以得到佐证,或者说,成都对外界的新鲜事物充满了好奇,需要亲身体验才知道它的美妙,而这是有历史文化的传承习惯的。

从卓王孙看成都生活

台湾著名作家高阳曾出版饮食文化专著《古今食事》,其中有《河工与盐商》一章,以大量的史料说明淮扬菜的形成与豪奢饮宴的密切关系,而在这方面,"河工"比盐商的表现更为惊人。高阳在书中写道:长驻淮安的河道总督衙门一年有经费白银四百五十万两,最多只需三分之一,

卓王孙

其余巨金"挥霍而已"。相比较而言，四川自贡的盐商没这么奢华，但还是很有特色。作家蒋蓝曾这样评价："经过上百年的反复洗淘，当地人以粗大的嗓门和浓重的卷舌音出没于烧刀子与朝天海椒之间，习惯于以侧锋与思维的反向招数来达到一己的目的。"

四川盐商同样喜欢美食生活。近年，美国人马克·科尔兰斯基出版了一本享誉世界的名著《盐》，书里提到了自贡盐商的饮食，说那时富裕的盐商们吃得格外讲究："在中国，菜的原料越古怪，烹调方法越神秘，就越有身价。'落汤青蛙'就是自贡盐商们的特色菜之一。在一罐盐水上放几根木条，将活青蛙放进罐里，青蛙会不顾一切地抓住这几根木条，然后将罐子密封。六个月后再开罐时，青蛙已死。风干后就腌制成功了，因为它们都沾上了盐水。然后蒸熟食用。盐商们还爱吃炒蛙肚。不幸的是，尽管它可能美味无比，却无法普及。因为据说做一盘炒蛙肚需要杀死一千只青蛙。"

自贡的有钱人如此进行饮食消费，而诸如生活消费、奢侈品消费也可推想出来，而作为巴蜀文化的首府成都也不甘示弱，我们不妨看看卓王孙。西汉时期的卓王孙是冶铁世家，对冶炼技术有专长，他以廉价食物招募贫民开采铁矿，冶炼生铁，冶铸铁工具，供应当地民众和附近地区的少数民族生产生活之用，还远销云南等地。由于他善于经营，终致巨富，拥有家僮千人（《汉书》作八百人），富可敌国。

卓王孙的祖先原是山东有名的冶铁商。秦灭六国，其祖父辈识时务主动迁至蜀郡临邛，同时带来了先进的冶铁技术。到汉初，由于西汉王朝对一切经济活动采取了自由放任政策。所谓"开关梁，弛山泽之禁"，正如《盐铁论》所说，殷实之家"一家聚众或至千余人，大抵尽收放流人民也，远去多里，弃坟墓，依倚大家，聚深山穷泽之中"，解决了一些在土地兼并之下农民的就业问题。

那时的成都人的消费水平虽然没有

详细的记载，但从司马相如初次到卓王孙家作客的情形看，卓王孙家的消费还是蛮高的，"卓氏客以百数"，数百人的酒宴可以看出其消费规模和能力。成都人的一般消费水平当然不会这样高，但因为有钱人如此消费，普通人家也会因面子问题而学样，否则会被认为缺乏消费能力。很显然这样的消费能力是需要财富支撑的，如何挣钱考验了成都人的生存智慧和哲学。从这一系列行为来看，或许我们可以窥视成都人的生活空间随着多种文化的传入、生活习惯的差异，必然会促使生活多元化，这便带来了成都经济的繁荣。

成都人的生活哲学

今天的成都给人的印象是"在成都，有时差"，比如在宽窄巷子里的时间慢一拍，它们是成都这个古老又年轻的城市往昔的缩影——老成都的闲适，新成都的时尚，都在巷子里。暖阳、炊烟，漫步巷子里，一种久违的老城区市民化生活的场景——浮现在眼前。很温暖的画面——有时候这也定格成成都的形象。

成都在历史上就是一座消费型的城市。唐时有"扬一益二"之说，蜀锦、麻、茶和纸都是主要物产，人口发展到十多万户，可谓达到一个高峰。经过元末、明末的连续战争，直到清时的"湖广填四川"，成

都的经济才有所好转。一九四九年前后，"以前的成都其实只包括成都县和华阳县，这座城市仅七十万左右的人口，经济上更是萧条，就是一纯消费的城市"。袁庭栋列出数据：一九四九年，成都全城仅有约两千辆汽车，这些车烧的不是汽油而是木炭；几乎没有一处近代工业，鸦片厂却有六百多家；由于民族手工业遭到破坏，一九三七年从事蜀绣的有一千一百人，到一九四九年剩下不到一百人。在学者王笛所著的《茶馆：成都的公共生活和微观世界——一九〇〇年~一九五〇年》中，茶馆有三个功用：茶馆与社会，也就是茶馆对人们日常生活的作用；茶馆与经济，也就是作为小商业的茶馆及其经营；茶馆与政治，也就是茶馆在公共政治中的角色。人们在这个微观世界中的作用与被作用过程，恰恰也说明了成都人的消费观念并不是落伍的，相反的是显示出它独特的优越性：开放、包容、多元，一直影响着成都人的消费方式。

不过，成都人的生活哲学在更多的时候表现的并不是那么明显，比如对时间观念的把握，以及在消费理念上的趋前，让成都这个内陆城市虽然经济不是很发达，却始终有一个消费勃兴的趋势，尽管在有的历史时期——成都也遭遇人祸与天灾，但大多会在极短的时间里恢复这种安逸的生活方式。

成都人的消费空间

到过成都的人时常得到的印象是"安逸、舒适",美食、美女、美景、美酒,总是让人流连忘返。其实成都这个城,尽管我们可以贴上不同的标签,但都无法表达它的丰富性,比如开宝马与拉三轮的同坐一家苍蝇馆子共享美食是传统的段子。相比较而言,在生活的趋势上显示不出这样的差异,但从生活的细节上,却能看出成都人对精致生活的追逐,有钱没钱固然不能判断一个人有多少幸福感,同样也不能判断其生活品质的高下,"因为精致,一不小心,就玩成了奢侈品"是成都的秉性。

固然,每个城市都有自己的特性,但对成都的些许观察导致了即便是同一样的事物,可能给出相反的概念。也许正因为如此,成都才显得那么真实,富有质感,生活在成都的人才那么容易找到幸福感。

开放的生活态度

由于成都位于独特的地理位置,周边半径三百公里范围内无大城市,决定了它即便是内陆城市,同样具有旺盛的消费能力。从历史的纵深看,即使在古代交通不便的情况下,成都还是创造性地开创了南丝绸之路和茶马古道,以及翻越秦岭,抵达中原的可能;同样,走水路,"门泊东吴万里船",在和平年代,其经济繁荣度和消费能力一直都很强势。

在不少经济学家看来,在一个消费社会里,正常的生活是消费者的生活,人们为了满足感官和某些体验而沉迷于琳琅满目的商品之中,无可自拔。用此形容成都人的生活哲学和消费理念或许更恰如其分。这也很好地揭秘了成都为何身处内陆,却能经济繁荣的关键词之一。

成都给外地人的印象更多的可能是泡茶馆,就是好逸恶劳的典型,岂知成都人的工作态度和方式较具独特性,正如英国学者齐格蒙特·鲍曼所说,不论何种意图与目的,工作伦理是一种改造运动。成都人是"以出世的精神做入世的事业"的态度来做事。

这也可以从媒体传播的过程看得出

湖广会馆里的湖广填四川雕像

来。成都虽然是身在二线城市之列,但新闻做的生动、活泼,不时穿插着生活趣味,跻身全国三大媒体重镇之一,这与其归结为成都人对事物具有高度的敏感性,倒不如说,成都有丰富的内涵,更适宜不同类型的人挖掘,很容易就能做出独到的内容来。

说到底,正是由于成都人具有开放的生活态度,对美好事物的追逐,影响了成都人的生活方式,看上去慵懒,却不单调;简单,却不乏味。

成都人的生活美学

两百多年前,"美学"在德文里是 aes-thetika,即"官能"的意思。有人说,在一个断裂了传统文化和美学根基的社会里,生活方式的最终美学可能就是依赖于商业机制运作下的各种商品美学。成都人追逐新奇的做法,使生活不断花样翻新,尽管使用的材料都是相同或类似的,却往往能推陈出新。

成都人喜欢过这样那样的节日,五花八门的节日以平均两天就有一个的频率出现,不同的人可以在这中间进行选择。不仅如此,成都也是各种展会喜欢光顾的城市之一,参展方总是收获颇丰,成都人在通过不同的展会确定城市身份的同时,在不同的产品中寻见差异化的生活趣味,

而这同样带来的是生活质量的提升——正是因为有开放、宽容的心态,生活方式才充满创意,不拘一格,才容易上升到幸福感的高度。

不过,对成都人生活方式的不同解读,可以让城市更具有立体感。美国作家海明威在《流动的圣节》中说:"假如你有幸年轻时在巴黎生活过,那么你此后一生中无论去到哪里,她都与你同在。因为巴黎是一个流动的圣节。"成都可以与巴黎堪比,就是这样的一种方式。另外,成都之所以能厕身于奢侈品消费的前列,从社会学来看,成都人对不同产品的追逐,与其说是对物质的追逐,不如说是对人生、思想自由的精确表达。那么,成都人所具有的生活美学呈现给我们的就是"比潮流快,比生活慢"。

创见生活的高度

随着社会物质化的步伐加快,社会自闭症的状况让我们见识到的是人际关系的疏离,而人与人、人与社会的关系变得模糊,从某种程度上说,这是一个自闭的时代。因此需要通过即时通讯、手机和Facebook将彼此联系起来。在城市如此,在乡村也不例外。为何会出现这样的状况,归结起来或许是,我们对物质的极度崇拜,导致了拜物教的出现,从此一骑绝

第一辑 生活趣

汉画像砖车马过桥

尘,找不到归路。

在成都生活,也不例外,但成都人长期积累下来的生存智慧显示,他们可以利用趋势、创意使生活有所改观;有关数据亦显示,成都在发明创造方面一直表现不凡。这可不是成都人闲着没事干搞出来的发明,而是从生活中来,在诸多生活细节上从方便的角度入手,集中了生活智慧,创意由此产生。这一过程看似好玩,而又富有生活情趣,就在于它给我们一个想象的空间——这也是一个消费空间。

无疑,这样的创见在让生活内容更丰富的同时,也丰富了城市生活,潜在地拉动了城市消费。

方言里的成都

虽然一直在成都生活，平时却不大说成都话。这不是说成都话不够好听，而是在努力地保留一种语言习惯。成都话，在当下虽可到处都能听到，但随着移民的增加，椒盐普通话几乎到处都有。成都原有的方言土语，大概只保存在长期生活在成都的人当中了。

成都话是在近代逐渐形成，兼容了历史上来到这块土地上的其他方言，最终形成了现在的成都话。这个过程大约是从明末清初的"湖广填四川"开始。至于古蜀方言，虽在四川方言中有所遗留，但并不是太多。这跟四川人口迁移有着密切相关。

二〇〇〇年的时候，《川渝口头禅》推出，七百多条常用口头禅一下子风靡成都。但随着成都外来人口的增加，说成都话的人似乎成了"少数族群"。随后，普通话横行，成都人就通过不同的媒介号召保卫成都方言。这之后，关于成都方言的各种推广措施竞相出现。二〇〇五年，《猫和老鼠》的方言配音版就是从四川走向全国的。报纸推出成都口头禅，杂志于是定期推出成都话等级考试，电视剧也有方言剧，看上去很闹热。大部分年轻人觉得不大会说成都方言了。诸如安逸、巴适之类的词语虽也听到，可似乎无法反映出老成都的特色。

近几年，成都"出土"了《华西第一年学生用中文教材》，也许这是世界上唯一一本正式出版的四川话（英语）教材，由辛亥革命前后在华西坝上的华西协合大学早期创建者之一、加拿大医生启尔德教授编写，一九一七年华西协合大学发行，一九二一年再版。

这本教材不仅记录了行将消失的地道老成都方言，也有百年前洋人操一口四川话跟当地人交流的有趣场景。彼时社会动荡，物价飞涨，所记录的各种生活细节，比如家务、出行、采购、社交以及洋人跟当地人的生活习惯冲突等等，十分详尽，非常有趣，让人忍俊不禁。

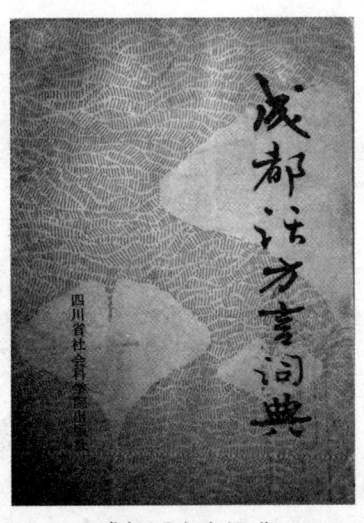

成都话方言词典

四川语言的特色是很明显的,瑞典汉学家马悦然一九四八年到一九五〇年在四川做方言调查,他主要调查了重庆、成都、乐山、峨嵋四种方言。他说:"巴金的《激流》三部曲中,叙述的语言是普通话,而对话则是四川方言。郭沫若的《女神》如果用乐山话念,那完全是另一种味道,是普通话所体味不出来的节奏。特别是《天狗》一首典型体现了乐山话入声字比较多的特点,如果用北方话念,原来的音乐美就感觉不到了。"在马悦然的眼里,成都话也很巴适。

流沙河先生曾撰文谈成都话的解读,也别有一番意思。如散眼子,成都话形容一个人很闲散、无约束为"散眼子",其实是从《庄子·内篇·人世间第四》里的"散焉者"而来。又如成都话的"恍兮惚兮",就出自老子的《道德经》第二十一章:道之为物惟恍惟惚。惚兮恍兮其中有象。恍兮惚兮其中有物。形容一个没有考虑、没有计划的"弗虑弗图",是从《诗经》而来。而且流

沙河有个发现,凡是方言中不易写的字,可能就是古字。比如四川人比较喜欢形容宽敞的词是宽绰(读若巢,巢与绰可以音转)。

成都方言的灵活、幽默,与其说是成都人的天性,不如说是成都这个环境孕育了这独有的方言。评书艺术大师李伯清用成都方言讲述成都故事、散打主持人罗小刚的新派评书、美食家江树的方言川菜等等,都是对成都语言的传承,也都可以让我们见证成都方言的趣味。

方言是一个城市的活化石。它所传承的虽然是口头文化,却能够让人体验到它的语言不同。成都话的研究一直在继续,只是更多的时候,这太小众了。至于成都方言的变迁史,也需要更多的人投入进来加以研究。

一九八七年所出的《成都话方言词典》,收录了四千余条成都方言,并给以精当的解释,让我们大致能领略成都方言的魅力。比如黄师傅,李劼人在《死水微澜》里解释'黄的'

1957年李劼人于菱窠重写《大波》,书里多有成都的方言记录。(来源:李劼人故居)

时说:"'黄的'是'黄不酥酥的'省文,是门外汉的意思,是当时成都的市井语。"清代王有光就曾论证"黄"和"荒"音韵相同,只是声调不同:黄乃荒字之讹。京剧演出中,演员唱曲时音调不准、不和板眼,叫"荒腔走板";川剧中,演员音调不准叫"黄腔"——荒腔即黄腔。

在这一方面,不能不提的是李劼人在小说中经常使用成都方言。如:油大(荤菜)、烫毛子(被人暗算)、冲壳子(吹牛)、清汤寡水、心里有个打米碗……表现细致入微,具有民间特有的风味。他还熟悉袍哥黑话,在描绘特定人物时有较多使用,如:搭手(帮忙)、水涨了(情况危急)、肥猪(被绑架的人)、开红山(胡乱杀人)等等,把读者带入了巴蜀方言的世界。此外,李劼人对成都方言深有考察,他曾写有《蜀语考释》一文,对成都人的日常用语进行解读:

老几,是成都社会上流下的一种语汇,并没有确切意思。有时,称自己为"我老几",称人曰"你老几"。若单纯用老几一词,则多半作为打招呼之用,如"喂"、"嗨"等。

啷个,即"怎么",比"咋个"尤为地方化。差不多川西平原的人百分之百都说"啷个"而很少说"咋个",只有文化比较高的人才说"怎么"。

巴适,这个成都方言里用的最多的词语,在李劼人看来,即普通话里的"巴结",但同时也有合适、适应等意思。比如说:"这件衣裳你穿起来很巴适。"那就是说是"很合适了"。

李劼人对方言土语的熟稔,在其小说中所呈现出来的味道,就是老成都了。这一道语言风景在今天的成都街头,还能够相遇,听见那些熟悉的方言,就好像走进了他的笔下。

舌尖上的夏日

很多时候的聚会看似闲散，却总是不经意间达到某一种冥冥之中的预演。而这就好像是早已约定好了的。前几天，就发生了这样的事，说来也不是凑巧，只是偶然因素使然吧。在成都这个城市，人与人之间的相聚总是那么微妙。也正因如此，大家不必把"二天再聚"的说辞当成邀请，不过是随便说说罢了。但这"二天"也不知会在某一天会成真的，只是机缘未到罢。

也因此，我猜想，人跟美食的相遇也是如此。春夏秋冬，虽然各有不同的风味，但到底是有不同的底色作为区分，也就使季节有了差异。春天，朋友好像都是潜伏者，聚会也变得可有可无，那似乎是为夏天的到来所做的准备，而秋天太短，几乎是可以忽略不计的，然后直接抵达冬天，火锅（汤锅）之类的上场，演绎出一段段故事来。即便如此，最让人开心的我想还是夏天。

炎炎夏日，白天，几乎可以说是整天躲在房间里，喝茶聊天，不亦快哉。这景象说好也好，说坏也坏，人，总得有个精神寄托嘛。不过，这或许只是为了接下来的上演——夜晚的成都总是充满了诱惑和想象——这不仅源于美女的出没，更因为饮食上接续了春天的某些情调，放大，甚至夸张得有点变形，在豪情之下，让夜晚更有了不同凡响的滋味。

在早些年，我还不能领略这一层境界。只见坐在街边的小摊上，一群人喝五吆六，大声武气，在我看来可能有点粗鄙不堪，哪儿有文明城市的风度嘛。随后，自己也加入到这群人的行列，在食肆间流连，吃着老妈蹄花，或烧烤，度过了一个个不眠之夜——这可不是无法睡眠，而是这样的夜晚，即便不是灯红酒绿，也有着一种让人欲望贲张的情况：面对着酒和那街边饮食，总觉得开心不已。诗人文佳君说，人生最得意的就是活着的时候有人喝酒，死了有人惦记着。这话说的真是成都的生活景象。

有多少次在夜晚中流连，把生活的时钟从六点算起——那时刚好下班，开始新的生活场景。还真不大记得，这不仅因为次数太多，而参与喝酒的人也太多了，有时候在不同的场所相遇、分离、再相遇……世界美如斯，又如此之小，当有外地朋友来，哪怕三两人也能痛快一回。同居住在一个城市，却也未必有时常见面的机缘，遇到了总是忍不住去沉醉。这时候，往往会忽略了那饮食的滋味。

成都的饮食，一到了夏季，不是冷啖杯，就是烧烤了。如此简单快捷的方式，刚好配得上冰冻的啤酒，快速，而又准确地抵达喉咙，一路下来也有神清气爽之感。那冷啖杯不过是几样凉拌菜，黄瓜胡豆无不可，花生是卤水煮过的，毛豆也刚好可以上桌，几样卤菜，不管是拱嘴还是猪手，都新鲜可口，直诱人食欲。偶然还会有卖蛋烘糕的小贩走过，这小吃也令人惊喜，却只当是一个小插曲。如果把这冷啖杯当成晚餐，也无不可，即便是吃过晚饭，借着小酒，几样小菜，也能把酒言欢。

如果不想去吃冷啖杯，下酒，那还有成都的宵夜可供选择，一碗老妈蹄花，加上几个抄手，味美，不可方物。当然也有小菜的拼盘，三两个小菜放在一起，不同的口味却是相得益彰的。如此一样可以把酒言欢。最常去的陕西街的馆子，以及红瓦寺边上的店家。其实，不管是在哪里，这样的饮食总是让人开心不已。是的，饮食带给我们的乐趣，让人欢喜之余，犹如艺术当中的"介质"，介入到我们的日常生活中的偶然波澜，那不再是孤寂之美，是融合了欢乐与忧伤。

在我的记忆最深处，当然是许许多多的如此影像叠加在一起。在不少好吃一条街上晃荡，那些称为一条街上的饮食店上，风味各异的馆子交集在一起：韩国烧烤、冷啖杯、钵钵鸡、万州烤鱼……凡此等等，不一而足。在外地人看来这或许是杂乱不堪的场景，哪里知道，正是这样的混搭让成都的餐饮有了远近高低各不同的

风景。比如说几个人去吃东西，起先没有确定吃啥才好，就可以去这样的街道看看，看中了那一家就不妨直接走进去，毕竟多种口味的餐馆在，大有选择的余地。在那里吃喝，总让我想起诗人笔下的小调复原：饮食生活的丰富正是因为我们的内心焦虑的解决方案吧。

以前，因为居住和工作的关系，常去的是莲桂南路上的馆子，以及望平街、玉双路上的店家，青石桥的烧烤，玉林小区、西安南路，都没少去光顾，他如石人小区、李家沱，也偶然去客串一下。虽然不能说哪里有饮食就到哪里去，但在这"流动的盛宴"（海明威语）上，最令人感怀的是因为饮食的出现，让人与人的交流有了更多的沟通管道：通过饮食，在轻松的氛围中完成些许意想不到的生活哲学的升华，如此一场酒下来，陌生人也会变成朋友的。不仅如此，这也让人与饮食的关系得到进一步的拓展。这一种情景让人在欣然之余还会生出几许的感慨。是的，我们有不少时间是花在生活上的，而饮食占去的比例该是相当高的，虽然这没有相应的统计数字，而从好吃嘴在饮食上的消费时间也能看得出的吧。

其实，成都的好些个好吃一条街，大概来说，是极为相似的，但在细节上却有着很大的差异。这样的街道分布在成都的不同的区域，它们以不同的方式影响着成

都的味蕾，但就饮食而言，平民风格让它更容易拉近人与城市的距离。不过，这街道的形成跟周围的好吃嘴的多寡有关。不言而喻，成都人在吃上面，都是有点懒的。请客吃饭总不会跑到离家太远的地方，好像是附近有家像样的馆子就是自家的客厅了。也因此，如果一条街道上没有一两家餐馆，是不可想象的。至于味道的好坏，那倒是各有千秋，不过，这可以通过好吃嘴的多少来作为评判依据的。好的饮食店总会顾客盈门，排队更是屡见不鲜的事情了。

夏天的成都夜晚是属于激情的，而白天似乎则更像是夜晚的预演，或者说夜晚构成了白天的延展。不管如何去看，在夏天的饮食季中，吃饭不再是简单的吃饭，而是呈现出社交的特质。在那里，人与人相遇，或美好或忧伤，纵然都会成为过去，

旧时成都的宵夜

但留下的是深刻的印象。有多少次，我们把人分为好吃嘴和非好吃嘴，饮酒的和不饮酒的，又或者是火锅控、烤鱼控，但不管怎样，在饮食这条阳光大道上，还是细分出许多的岔路，通往不同的方向，亦即每个人的味蕾需求。在这种场所，是大可不必太在意每个人的情绪的，毕竟是"一千个人眼里，会有一千个哈姆雷特"，饮食何尝不是如此的呢。我们是因为欢聚才在一起的，自然不能抵达饮食的精神领地的高处，大概也会不自觉地脱离了这个圈层，加入到另外的圈子，我们又何必苛求大家必须一道对饮食有着同样的热爱？

在以前，我可不是这样想的。有时候，一群人吃火锅，其中有一位素食者吃蛋炒饭加泡茶，而此时的我觉得气氛不是那么融洽；又或者一群人正喝酒起劲，当中有

第一辑 生活趣

人杯酒走天涯，打遍天下，就会觉得遗憾。诸如此类的小细节总让人掉进不宽容的陷阱当中，却忽略掉了吃饭的要素在于聚集，在于不同脾性的人在一起，构成平民性质的风俗画。话虽如此，在饮食的诱惑下，也许总会从直观的感觉出发，总觉得彼此欢聚的意义在于把平淡的生活活出不同的花样来，可这不过是一个人的一厢情愿罢了。

不过，成都饮食反映在夏季之中的除了鲜活的记忆，倒也有了更多的个人体悟。确实，我们在吃喝之余，不再是满足口舌之欲，而是在饮食中浮沉、升华，让人的生命体验更为丰富罢了。也正因为这样，夏天对于成都人的意义更为繁复一些了。

犹如绘画中的抽象，去除了个人的愁绪，还原了对饮食的热爱上来。这一层既包含了成都人对夏天的消遣，也有了对生活经验的概括。

夏天的饮食，在成都人眼里不是豪华，而是家常，普普通通的菜，做出不同的滋味来，说创新也没多少创新，只是沿袭了一种季节的惯性饮食吧。但即便如此，同样的菜，在不同的地方也会吃出差异来，那是在细节上的专注，而不是驳杂。在更多的时候，我们去品尝一道饮食，不正是体味它的真谛——在那平凡的滋味中见证味蕾上的传奇，让原本浮躁、俗气的市井生活多一重境界？

坐公交车旅行

刚到成都那阵子，觉得成都是一个小城，街道狭窄，道路坑坑洼洼，不现代，不潮流。那时候的出行，一架单车，几乎就可以跑遍成都了。许多时间的闲逛就是骑单车完成的。除此之外，就是坐公交车，不过，那时节的公交车似乎都是客满，几无立足之地，插在车厢里一般，不需要拉扶手，就能站而不倒。现在想来，都觉得有点惧怕。

成都的城市半径在扩大，在这里待久了，自然熟悉了城市和人群，因此，交通工具还是选择以公交车为主，虽然还偶尔骑下单车，不过是玩乐性质的。有段时间，上班的地方很遥远，坐公交车晃荡个来去，都要一两个小时，坐在车上或打瞌睡，或看一册不咸不淡的书，一路的晃荡，却没有更多的意境。虽然我也知道，坐公交车嘛，大致如此，想想，这样浪费时间，就不免想起诗人的语句：时间原本是拿来消费的。

出门，坐公交车最喜是从起点站开始，那样，可以从容地在车厢的最后一排找个靠窗的位置，发呆或打望都成。有时候，会看见不一样的风景，因为视角的不同，许多的生活细节得以自由地铺展，一家店的开张或关门，倚门卖服装的美女，或者是偶然出现在街角的吵架，似乎都有了不同的意味。即便是每天坐车都经过的路线，似乎那风景也早已习惯，似无更多的可看之处，但如果留意一下，也会大有不同。如果记忆橱窗将不同时间段的街景一一展现出来，想必也是别有一种味道吧。不过，我很少去尝试这么做，对城市而言，我们不仅是过客，也是旁观者，开初或许还有亲近的想法，但当一切似乎早已注定它的风格，跟你的想法并不一致时，也许会有一种悲伤和孤独在。

住在三环路边，有时进城就选择108路公交车，穿街走巷，其中有一个站点是火车北站，看看来往奔走的行人，打电话的人，他（她）们跟这个城市的关系是不是也是疏离的？不过，在更多的时候，我们并不是在强调这个疏离感，而是亲近，在某一条街上喝茶聊天，或喝酒，诸如此类的影像，让我有点迷惑，但不管怎样，在公交车上看见熟悉或不熟悉的风景，会有不同的人生况味与体验了。偶尔有美女在站台上等待，你是否会张开想象的翅膀——她是赴一场约会，或是购物，或去喝一杯咖啡？又见一对男女相拥，也许是要分开的恋人，昨天的故事已成过去。还有进城打工的人，他们带着装修的工具，你可以想象他们的日常生活是怎样的一幕。

有一年冬天，我时常是出门很早，坐

62路车出行，天还黑着，但街上已有了行人，学生一族时常会遇到，他们的懒散与朝气并存，似乎刚从黑夜中醒来，奔向不可知的未来。看着这活力青春，让人想起从前的校园生活。城市从沉睡中醒来，街灯照亮了行走的人，他们的身影装点了城市。新的一天开始，你再次坐上同一辆公交车，有昨天熟悉的人，又有新的人群加进来，你就知道，今天的故事与昨天的或许又有些不同了。它们所演绎的不再是简单的生活，而是像诗人谷立立说的那样：懒洋洋的日子，在公交车上，邂逅所有的可能。

有时会在车上遇见吃早餐的人，豆浆油条之类的，少不了。偶然还会有包子味充斥在车厢里。这让人有点儿生气，毕竟公交车不是早餐铺，遇到这样的人总会躲得远远的。即便是早上的公交车，可看的风景殊少，却给人一种清静之感，车辆少，路也似乎宽广了几分，快速驶离站台，奔向下一站，好像没有终点。等到了终点，转车，再出城，已是天光大亮，人也稠密了起来，赶车的人打着哈欠，睡意未醒的样子，人群交织在一起，构成一副世俗的风景图。

不过，在公交车到底是没有一场艳遇的，虽然也曾跟不少女子在公交车上相遇，有时候会注目一下，言语似乎是多余的。我猜想，有时，人与人之间的打招呼也是这样才好，不必过于亲昵，到底大家在这座城市都是一个陌生人。那一种相遇或交往似乎更多的是适可而止，生活美学家或许会说，这也是一道风景，因为不是生活、职场，那种浅浅的相遇，也是一种美好。

在成都坐公交车的时间当然不是八点左右，或下午五点左右的出门，这不只是因为上班族的上班、下班。这个时间段还会有一些老人会出现，他们出门游玩或归家，总是很理直气壮地觉得别人应该把座位"让"给她（他），好像不让就不道德似的。有一次坐公交车出门，已是靠后面的位置了，有一群老人上

文化地标里的生活

来，直嚷着让年轻人让座，原本是打算让座，看到这种情况不由得很生气，"霸占"住座位，都懒得理这种人。按道理说，这让座不让座，原本是可以商量的，但如果老人态度太硬的话，就不免给人一种"必须"让座的架势。但在公民社会里，人与人的关系是互相尊重的。想到这一层，不由得让人气短。

但在我看来，这样的旅行到底是可以让人观察城市的细节所在。在公交车上也时常会遇见大声说话的女子，好像是一到车上就进入自己家的客厅，旁若无人地说话，或打电话，不如此似乎都无法彰显出自己的个性来。遇到这样的人时自然是很讨厌的。如果留心下她们的言行，不妨像小说家一样发挥想象，她在另一个平行的时空中是怎样的生活。这样的想象让人开心，也容易"走出"公交车，如此好玩的事是只可意会不可言传的。至于打电话的人，似乎也可以看出通话者之间的关系，那一种隐秘更是让人想入非非："是不是有……也许……"如此这般，也能走进了忘我的境界。

在这一次次的旅行中，也会偶然遇到熟人，甚至于同学、同事，不一而足，有时并不是看见他的，而是通过声音"寻"见的，毕竟每个人说话的方式都是独特的，即便是在公交车上也能轻易分辨出来。不过，这样的偶遇妙就妙在它的不经意，没

有事先的约定。在我这当然是小乐趣。如果往深层次地讲，或许正如诗人所言的那种"人生一瞬"的邂逅吧。

即便是如此，在有的人看来，坐公交车旅行是缺乏美感的：许多故事都是在转身间离去，从此不再复返，哪怕是跟昨天的情景相同，那也只是表面上的相似，哪儿会同一件事发生在不同的时间段呢。有段时间，坐在公交车还能读到成都诗人写的公交诗，现在是少见了。那一种诗意已成为过去式。在这样的旅行中，当然是车上人少一点为好，这就要精准地计算人们的出行时间，早一点、晚一段，那种恰恰好，也许才是最为重要的。有段时间，想着沿二环路出行，坐个一圈就是一个多小时，如此转悠下来，看风景也好，打盹也罢，悠悠然度过一夏，也未尝不是一件乐事。但这样的计划也大多只是计划，毕竟在公交车上无所事事，抵不上在某个街角的朋友相聚，那一种欢欣虽然看上去热闹，不过是满足自己的虚荣之心罢了，"看看，我们还是这个城市的一员"。这样的想法，想来也许有点可笑，谁又在乎这呢，更多的人在乎的或许是曾经拥有。

不管怎么样，在成都这个城市，随意选择一辆公交车出行，有没有目的地都成，哪怕是晃荡，穿越街巷，寻找记忆，梳理思绪，都是极佳的选择。这不仅可能遭遇形形色色的人，也会有种种故事发生，

那些看似微小的事物，或许正是让城市充满了温情。有一天，我在公交车读一本什么书，有人看见了赶紧让座，实在是对书的尊重了。但这样的事，总不会经常发生，也许是坐公交车的人大都面呈疲惫，坐在车上不免打个盹什么的，或闭目养神。但在一个有点嘈杂的空间，如何能轻易地睡得着？那就四处张望一回也好。

话虽如此，坐公交车旅行，美好的、不美好的都会成为过去式。在我看来，也许正是这样的微旅行让我们对城市多一份了解，至少那些隐秘的城市一晃而过，模糊的影像虽然更多的时候看不真切，却也让我们找到了城市的出口。是的，没有人与故事的城市，仅有建筑体、道路的城市是面目可憎的。不过，对我来说，我更愿意通过公交车，去往不同的地方，在车上张大眼睛，打望行人，昨天还在摆摊的人不见了，他是干什么去了？也许有种种可能，不过，要是我的朋友古加西在现场，一定会解释说，昨天的夜晚多美丽，他一定去火星去了。

沉醉不知归路

现在的聚会也累。这么说是因为在面对各色人等时，不管喜欢与否，都得笑脸相迎，似乎不如此都彰显不出自己的做事地道。但在喝酒时，却难以遇到地道这回事，自然是在酒场总有人想充当大佬，我喝一小杯，你来一大杯，还美其名曰是要痛快喝酒，这简直是没道理，还没一个人喝酒痛快——我向来讨厌喝酒时变得婆婆妈妈的男人。说实话，遇上这货，真的是很生气，无他，喝酒无非是在痛快之余，还要讲究一个妙法儿。但时常不是这么回事，他以为是大佬，你多喝酒，就是快事一桩似的。这到底是算不上美事一桩吧。

以此检讨，这么些年，虽然胡吃海喝的也不知经历了多少场，气氛融洽的且不说，总会遇到那么一两位喝酒不甚耿直的人物。所谓不耿直是因为众人喝酒，他起先不喝，半场杀到；又总觉得自己有点官员的本色或自以为是大佬，喝酒那个不痛快，懒得搭理，总觉得跟这样的人喝酒是把自己的人品比下去了。不由得想起了胡适之先生的话。他说：我受了十余年的骂，从来不怨恨骂我的人。有时他们骂得不中肯，我反替他们着急。有时他们骂得太过火了，反损自己的人格，我更替他们不安。如果骂我而使骂者有益，便是我间接于他有恩了，我自然很情愿挨骂。喝酒岂不是也有这样一重道理在？

在成都喝酒，就我的经验来说，陌生人总是难得痛快喝酒，这倒不是提防着会轻易喝醉，实则是在喝酒的路上，遇见陌生人总是少说话。在成都喝酒，最宜小酌，三五个人，啤酒、白酒、红酒尽兴而喝，或闲闲地聊天，聊聊人情，那远比乱喝一气来得有味道一点。多年以前，也曾豪放地喝酒，现在却不敢了，醉一次酒都觉得浑身酸痛，非休息一天不可（假若每天喝酒的话，那真不可想象了）。但有时，外地朋友来成都，因为网络相识，自然也少不了欢聚——喝酒再痛快不过，哪怕知道一路喝下来终究要醉倒的。那一天，绍兴的郭初阳兄跟梁卫星兄来成都，冉云飞请饭，范美忠、岱峻和我作陪，那一天，喝得天昏地暗，原因大家相忘于网络江湖，时常在网络上交流，一旦相遇，岂有不喝酒不干杯的道理？这样的场合，矜持也好，羞涩也罢，总是化作一杯杯酒水，让夜晚变得有几分瑰丽，甚至会涌现几分诗意。

也有时常遇见的朋友，比如昆明的周重林兄，每次来成都必聚，每一次都是酒不断地加上来，一晚上消费二三十瓶啤酒不在话下。那酒似乎也扯开了性情,让人长了识见,大家的聊天,虽天马行空,到底都聚集在文化上。台湾作家林清玄说,温一壶月光下酒。说实在话,我倒真不记得有没有就着月光下酒的场景,或许有或许没有,那又有什么关系呢?丝毫不会影响喝酒的兴致吧。

曾记得有个作家谈论村上春树与酒的关系,他描写的基本上是"一到夜里,就边喝酒边听音乐",又或者是"没有顾忌,大口的喝酒,咕咚咕咚的声音在我的耳畔回荡着",但那差不多是啤酒或葡萄酒,倘若是白酒的话,大概也不是这样的喝法吧。那种痛快劲实在是让人感想连连。这就好像在成都,虽然参加的酒会免不了痛快喝酒,但不同的酒是有着不同的喝法的。

尽管如此,我还是固执地认为,在成都这个城市,是适宜喝小酒的。大酒虽然免不了,但对一个性情中人来说,这其中的差异虽然并不是那么泾渭分明,但到底值得一说的还是小酒,因为人少酒喝得也慢,菜也能品出几分味道来。但对诗人来说,这似乎又欠缺了点个性。记得最夸张的一次诗会,一群诗人在酒吧纵情喝酒,外面下着雨,那种诗意是格外让诗人有感觉的了,居然一不小心就把那里的酒都喝完了。那样的激情是几年前的事情了,今天记得的是,再多的诗人也是慢慢地喝酒,这可能是诗人喝酒总是有这样那样的余兴,跳舞、朗诵是必不可少的节目。前段时间在芳邻路上的芳邻旧事酒吧,一群诗人聚会,酒喝得不少,话也扯了不少,是不是尽兴而散,不知道。我只记得有位外地朋友来,都喝得大了,到处找人喝酒,生怕惹出什么乱子,一群人赶紧散去。

但现在喝酒似乎是难以跟同学在一起了。是不是刚从学校出来的那几年喝得太猛烈了一些,以至于现在说起喝酒、聚会总觉得没多大意思似的,几瓶啤酒就打发了事,这是

美食,让我们沉醉,那不只是对味道的贪恋,也有对未来的期许

以前不曾想到的。我想,这可能是因为我们在这个城市,依然属于漂泊的一群相关。至于亲人,喝酒的机会就更少了,离老家太远,喝酒也就只能向往而已。

几年前,表哥终于移居成都。我住在金牛,他住在龙泉驿,两地相隔差不多绕了半个城,坐车一两个小时随便就用掉了。每次见,自然是少不得喝酒,更多的时候是我一个人喝,他慢慢地品——速度慢的吓人。这样的喝酒,慢,聊聊家常,偶尔打一个电话回老家,说一下情况。其实,也没多少要紧的话可以说,无非是家长里短而已。这一种情怀又让我想起每年春节去舅舅家喝酒的场景来了。不过,现在离老家太远了,总不能说回去就回去得了的(考虑各种成本的增加),在成都,却一样能喝出老家的氛围,也是一景了吧。我们这一代漂泊在异乡的人,猛一看,在哪里都能寻见故乡的影子,其实是把故乡的情怀深藏在内心,随身携带罢了。

至于时尚圈子的各种酒会,假装是喝酒的高手还是很累的事,不就是一场酒会嘛,犯得着为酒神魂颠倒,为酒赋予更多的含义?某次参加一个调酒大会,自己按照调酒师的说法随意调了一种酒,竟然相差不多。这并非说自己对酒的理解多么深刻,只是偶然的成功罢了,与酒量是不能成正比的。在我,总觉得快意与舒适才是属

于酒的,酒会消解了酒的这种功能,只剩下社交的可能。

说这么多,在成都喝酒,在我的印象中似乎还是蛮痛快的事居多,是因为自己喝酒随意,并不拘泥于他人对喝酒的看法(饭局上总有人叹息:喝酒真不是美好的事。多煞风景)。照某一位名人的话说,所谓喝酒,无非是把自己喝痛快了事。我呢,倒是看得开,氛围好的话,又遇上投缘的人,那是非喝不可了,在酒醉之前刚好打住,大家散去,打车回家,真是幸运。但也有不那么美妙的事,前几天,一群朋友因书相聚,喝酒。很快有朋友醉倒,我感觉不那么好,可说是我请过来的朋友嘛。自己头也有点大了。那晚上我是怎么住进酒店的,至今回想起来,依然不甚清晰。还有那么一次,跟几个诗人聚会,席间斗酒,仗着年轻气盛,我是白酒一杯杯下肚,哎呀呀,那可真像流水,一瓶小二轻易地喝下去,来不了几个回合,结果是醉倒了,幸好诗人家的书童赶到,接到他的家里住了一晚,才免得露宿街头。

其实每次喝酒,似乎总是菜吃得太少,但仔细想来,每次饭局上的食物如何,是否美味,是否有值得一记的样本,总是没有一个清晰的印象,它们的好坏抵挡不了酒的魅力。哪怕是再普通不过的啤酒,或白酒,都不过是一个酒字,都能喝出一

份兴致来,这算不算是一个酒的博爱者呢?或者说此时的酒变成了被展示的文化,性情、个性之类的词语在这里可以简化,就好像我们看见城市的地标那般鲜明而富有特色。不过,假若在喝酒的过程中加入金钱或权力的游戏,可能就丧失了喝酒的乐趣——就是一场酒会,我们干嘛不纯粹一些呢。

宋词人李清照有首词曰《如梦令》:"常记溪亭日暮,沉醉不知归路。兴尽晚回舟,误入藕花深处。争渡,争渡,惊起一滩鸥鹭。"但我总记不得有这等美好的事经过,这倒不是酒喝得太多的缘故,而是在城市喝酒,我们总是理所当然地认为那是应酬,哪里有什么心境去发现它的美好呢。即便沉醉,吐得一塌糊涂,却不肯服输,说到底还是有点争强好胜。但对我这样的人来说虽然并不想醉倒(时常被称为爱酒之人,是因为喝酒的次数太多了吧),仍然免不了喝大的地步。这又应该用什么来解释呢?实在是不得而知,只是下一次遇到酒会,如若有时间肯定还是欣然赴会,好像,在酒中才能找到一个好乾坤。

跑步在田园城市的边上

像我这样的跑步者,应该算是跑步的兴趣爱好者吧。因为跑步是有一搭没一搭的进行,高兴了,就跑上一段,不高兴了,可能是十天半月也未必会跑出去一下(总有理由支持不跑步的)——实在是跑步也需要动力。但身居在城市中,跑步也是一大问题,去公园跑步,算是遛弯还是跑步,总觉得没多大的差别,在跑的姿态上几乎可以说都是那么一回事。何况在众目睽睽之下跑步,免不了好事者的好奇的目光:你以为你是体育运动员呢?

有时跑步,就在小区里进行,起得太早,跑步的声响(双脚踏地)太大,恐怕邻居也是顶讨厌的吧(那么早锻炼,打扰懒觉啦)。去健身房跑步,也曾有这个打算,但去看了一次,太正儿八经的,好像有了仪式感,跑起步来,也似乎欠缺激情。跑步机嘛,还是只能看看的好。这样的一个跑步挑剔者,在城市里注定是无法按照自己的意愿随意跑的。从城市空间上看,跑步的道路是稀缺的,以至于连步行、自行车道都被压迫得逼仄起来,跑步,总的来说是一件难事。

不过,在去年,贴近三环路的外侧,修了一个绿道。所谓绿道就是骑自行车或跑步的地方,在树丛间、在高低的洼地中起伏,也真有那么一点味道,在那上面跑步,似乎再美好不过。但有一天我去跑步的时候,发现那绿道上有慢行、逆行的汽车。想必车主是图一时的方便罢了。像这等事对我这样的跑步者只有生气的份。但好在成都每天都在提田园城市了,媒体的报道也很热闹,好像不田园一下,就不那么洋盘。但成都的骨子里又是以 GDP 为导向的城市,建筑物的增量才是关键,所以成都的人口不断地增多,好像是不这样就显示不出城市的强大。这时的成都看上去有些矫情——总觉得普天之下,唯有成都这个城市在工业化进程中还保持着那么一份美好。

但这跟跑步的关系实在是太大。如果没有一个适宜跑步的环境,哪怕是在跑步,也只不过是追究一个姿态而已。在那个空间里算不算是一种美好,都是一个疑问。跑步的就近原则会让人头痛,原因在于三环路边看上去是十分称心的跑步环境了,但有时又会担心治安不好,生怕遇上了坏人,毕竟是在树丛间,从三环路向里张望,大清早上的,也未必看得清楚什么。这一层担忧在某一天居然成为了现实,有抢劫者,虽然是被吓跑了,但还是心有余悸,谁知道什么时候跑步会再次遭遇他呢?

那以后的一段时间,有时还会做起关

于跑步的噩梦,醒来,记得不大真切,但我知道在恐惧中跑步,是不适合的,这就像我们在日常生活中如果对未来满含恐惧又怎能心生美好的感受呢。但这并不能抵挡跑步的诱惑。有那么几天,我将跑步改为爬楼梯,二十多层的楼梯,爬上爬下也是一种锻炼——跑步的风姿在我多半是属于想象的成分,毕竟对一个胖子来说,这也算不上是美丽的风景,一身赘肉的家伙在道路上狂奔,到底不是美好的景象。

然而,自从今年开春以来,忽然发现周遭变了一个天地似的:原来的道路已经不堪行走(我猜是这样,要不干吗反复修路呢),连道路两侧的树木都去除了,看上去道路一下子亮堂了许多,可以望远的道路跟绿树成阴的道路相比,或者各有胜景,但我更偏爱有树木的道路,无他,有树木才会使道路成为道路的样子,但时下却相反,没有树木才似乎是道路的样子。在这样的路上跑步,会有怎样的感想?我不甚知道。某一天早上,我从小区旁边经过,发现锻炼的人少了,是不是跟道路有关呢?我不大清楚。但我知道的是,在这样的场所锻炼也好,跑步也罢,总会给人一种不那么真实的感觉吧。

某次饭局上,跟朋友闲聊,他说他跑步的场地改为健身房了。"在街上跑步,那是不是太夸张了?"他嘿嘿一笑,好像这般的跑步实在是不成样子了。

"是啊,总觉得有点怪异。"我这么回答,"成都也不适合散步了,到处在修路"。

"国际大都市嘛,总得有个国际的样子,这路总是得有人行走,是最直观的感受,所以,这道路就是今天的形象工程。"他这么说。

其实,到这一刻我才明白,原来我真的是落伍了许多。在我谈论田园城市时,人家都在探究国际大都市了,真是慢的可以。想起当初在成都居住下来,并非"迷"上成都的某个部分,只是因为生活久了,自以为那就是自己可以终老的地方。但哪儿是的呢?那一份美好只能是自己的向往,到底在未来,成都会怎

滨江绿道

样，依然是一个未知数。对于跑步，也是如此的吧，谁知道明天在哪里跑步是更适宜的方式呢。

困惑之余，偶尔还是向往那一种在田野里跑步的场景，庄稼、小道、露水……大清早的，甚至远处的炊烟还没升起来，田野里呈现出原始的姿态，好像它们是自然生长的。但现在也顶多是一种想象，闲情万种之一，至于跑步更是奢望。清凉的早晨，车声依旧的都市，混杂的绝不是跑步的声音。我所想象的场景，也在此刻变得飘渺。有好几个晚上，我在绿道上散步（不再是跑步），总会遇见三三两两的人群，他们一字散开，好像是自家的道路一般，让跑步变得有点荒诞（从他们身边穿过，跑步的姿势势必会有所变换，方式变化，步伐也会放慢），这样的跑步也许更容易让人沉入到想象当中去。

据说在成都有一些适合跑步的地方，比如沙河边比如体育中心比如在猛追湾滨江路，但我想的是，在这些大家都习惯去跑步的地方（既可跑步亦可打望风景），好像是人生规定的动作，跑起步来，是否会抵消了跑步的趣味性，让跑步变得那么正式。这就好像晚餐时间来一杯酒，本来无伤大雅，但一定要这样似乎才够味，这却是个不折不扣的形式主义，反而让生活变得不那么丰富。这一种体验，在于像跑步这般机械的运动，也可以更有意思一点

的。鲍尔吉·原野曾说，进入状态后，跑步和世上其他美好的事情一样，肇始于内心的希求，其次才是毅力呀、坚持呀之流之类的事情。至于上升到跑步哲学的高度，我都觉得有点夸大（难道非要一种哲学存在吗）。

当然，以前是很乐意说成都是适合散步的城市，但现在看来，却并非那般适宜了（人行道的减少几近于无），而跑步体验成都，无疑是夸张的做法。对我而言，这跑步可以无处不在，只要保持一种跑步的形态，就能随时体验出跑步的乐趣。可是我们更多的时候是只懂得跑步的益处，却忽略掉了跑是一种状态，其糅合的生活美学可以随时随地，干嘛非要统一的方式呢。即便是跑步，也是个人的事嘛。但有时我们会被跑步的假象所迷惑，忽略掉它的实质，抽空去看，那跑步的形态也就变得有几分刻意。不错，我们总是习惯以各种利益来衡量我们的生活，以此为标准进行评判，其结果可能导致的是，我们看似都在跑步，其实是偏离了跑步的真相。从这个视觉上看，我当属于极简主义跑步者，在这个群体看来，赤足或者穿轻便鞋跑步才是根本。赤足在家尚可，在绿道上奔跑，总会轻易受伤的吧。

有意思的是，在成都多年，散步可能找到共同爱好者，但跑友却相遇不多，是否在于这种个体的运动是不可复制的？其

随机性和不确定性就像心理学家苏珊·布莱克莫尔在某次会议提交的一篇论文中,就使用量子理论解释知觉这一问题时所说的那样:"它们不能解释知觉。它们只是使知觉量子化。"你看,这也注定了跑步只是关涉到一个人跑步时的观感和切身体悟,至于在跑步主义者的眼里,跑步是怎样的图景,却是难以定义的。基于这个理由,这跑步的私人性,也决定了我跑步的路线和理论跟他人或许有交叉的可能,但并不构成一种成都跑步模式。明白这个道理,或许我的所谓跑步更像是对跑步的反讽,是后现代主义的一种解读,因此就跑步肖像而言,也就有了更多的涵义。

那么,在成都跑步,固然不是那么美好的事,但也能自得其乐,也足够完美了。有时我想,其实不管它变成田园城市,还是国际大都市,跟我的跑步都没太大的关系,只要有一个适合跑步的空间,就跑步去,那一份适意与自在,才是跑步应有的根本吧。这也让我明白那么一点道理:跑步更多的时候只不过是生活的一种论证方式罢了。

慢生活，快成都

说起成都，似乎大家的印象就是慢生活，喝茶的慢，饮食的慢，甚至于生活节奏也是慢的。这可真是粗浅的印象。说慢还有一件事，让人印象深刻，比如开会或活动，开会通知，不管是正式会议，还是小型聚会，总是提前半小时，这样的节奏大家好像都习惯了，你一准时，就打乱了成都慢的秩序。

每个城市都有自己的时间秩序，生活方式、习惯，都会跟一个城市的氛围有着密切关系。如何才能探知到它的存在，根据我的经验，出行，少不得见见朋友，节奏啥的，那就是看朋友的安排了，大致可知是怎么回事。但这也不绝对，最佳的观察，除了这个还可以选择街头、饭馆，无需直接的对话，看行走速度的缓急或饭桌上的漫谈，就很有意思了。

理解成都的慢，除了街头、饭馆（我们称之为苍蝇馆子）和茶馆。街头上的观察，学者王笛在《街头文化》一书里所做的尝试是在探寻成都的文化基因。成都的慢早些年还要更有代表一些。慢是因在做事的过程中，夹杂着闲谈，如此一餐饭、一盏茶，都可以漫长成四五个小时。在这种时候，成都人似乎是不焦虑的。那是无需如此。就我在成都的生活经验看，这种慢，是基于有慢的成本和基因在，那是因为衣食无忧之后的慢、闲，假若是生活在温饱线上，又如何安然地坐在那里，能够过得更舒服一些呢。

倘若忽略掉了这些因素，单纯地看待这种慢，就可能如浮萍一般，找不到成都人生活的内在肌理。倘若细分成都生活上的慢与现代都市节奏的变化，也是极为有意思的参照：老成都人的节奏与新成都人的节奏在某种程度上很难链接在一起，原因自然是老成都人更懂得这座城市的神韵，而新成都人则强调变化。但不管怎样，在这个时代，要保持一种不变的风格是很难的。因之，乐观一点看，成都犹如流动的河流，有波浪也会平缓，它的状态正是今天都市的写照。

这几年，成都的慢也在悄悄地发生变化。它是城市的细节，常常被我们忽略掉了，以至于第二天醒来，还以为是没多大变化。但城市的发展趋势整体上看，是在变快，成都虽是内陆城市，又岂能例外。早些年，成都不堵车，状况还好一些，现在堵车、限号，虽然有一些交通变化，诸如地铁的开通、二环高架桥的运行，这反而增加了成都人的紧迫感。

从城市变迁史上看，城市的变大，在某种程度上，是由于城市人口、经济的膨胀，给城市发展带来快速的表象。因之，人

慢生活，快成都

口从乡村、城镇向城市集中。可仔细探究，一旦这种速度放缓，城市节奏也会按照某一种速度运行下去，是快还是慢，还得看经济说话。成都这几年的快，是吸引外地人来的因由（固然也有慢的因素，但相对较少）。

在现实生活中，也能感受到成都的快。比如说原来约人见面，总是轻易的事，可现在不是紧急的(必需的)事，都难以见上一面，这背后当然是忙。倘若从出行的速度看，原来几十分钟就可到达的地方，现在至少要一个小时以上，这是因成都的城市半径在扩大，而人际交往也是在不断地扩大。

这还有一个例证是，你按照成都的慢节奏生活，在今天就落伍了，且有点另类。这种细微的变化，才是成都的世界观在悄悄发生改变的结果。前些年，成都创办了一份杂志叫《快一周》，其口号是"比潮流快，比生活慢"，似乎很可代表成都人的生活观。

所谓的潮流，是这些年一些著名的服务品牌（如星巴克、宜家）走进了成都，它们曾经离成都很遥远，有一天醒来，你突然发现它们就在家门口，这种变化是以前难以想象的。便捷、服务，是现代城市的标志之一，在这一块成都也更讲究一些。去某一处消费、购物，首先是选择生活半径之内；即便是跟朋友见面，泡茶馆、咖啡馆，也都会有如此的考虑。在多数时候，构成了人际关系的变迁。

生活的节奏在不知不觉中变快，由此所引发的是个人生活的变化，毕竟身处在社会当中，不大可能不考虑生活中的诸多因素。成都人的悠闲，只是表象之上的，至于内在的生活肌理，与沿海城市并没有多大的差异。不仅如此，就连成都方言说出的腔调，也被普通话挤占，在新的住宅小区（开发区）则难以听到成都方言的对话，这种变化让成都充满活力的同时，也在消解老成都的味道。

城市的发展无疑是探索一种平衡之路，所以它需要包容更多的思想。在回顾老成都生活时，可能很多人在缅怀过去，但也有不少人强调活在当下，这也是在尝试寻找生活中的乐趣，如此看，慢与快，在成都人看来就是心态的某种反映。

语文出版社社长王旭明说，成都有一个传天下的美名："走进慢成都，享受幸福感。"世世代代的人们因此流连忘返于成都这座美丽的慢城市。当然，我们也不能因此说慢就是平衡，但你能说慢与平衡一点关系都没有吗？可以肯定地说：人与自然要和谐，而非滥挖滥采就是平衡；快节奏的生活与适当的放松调整、飞奔与慢跑相结合就是平衡。

慢与快，在成都人看来，是一种平衡的哲学。

川园子的气场

成都有三千年的建城史，而园林是这个城市的重要组成部分。最早记录的园林是隋唐时期，这时有摩诃池、合江园、崇勋园、皇花园、中园等著名园林，宋代所建的东园和建于五代十国末期的西园在当时也十分有名。至晚清、民国时，成都的园林建设达到了一个高潮。

成都园林，大致分为官办园林和私家园林，早期的私家园林，主要集中在各个公馆。成都市地名学会副会长吴世先曾说："古少城的公馆作为成都一段历史的见证和成都文化的一个标志，承担着成都的历史风貌和文化脉搏。它们的建筑特色及园林设计极具川西民居园林特点，园林生活是精致、舒适的成都平原生活的代表，保持并发展了成都民风民俗。"其中，曾任四川副都督夏之时的夏公馆就在东胜街；川军将领张志和的张公馆在陕西街七十二号；著名历史学家、学者唐振常的唐公馆在文庙后街。据吴先生考证，民国时，成都两个有名的世代大家族的公馆，被称为"南唐北李"。城南唐家，即是著名历史学家、学者唐振常的故居，此前这里为四川提督唐友耕的公馆，后卖于唐振常家族。唐家公馆是四进大宅，大小房屋不下六十间。唐家公馆的后花园极大，园中有戏台、假山、水池，中西结合，堪称园林之胜。城北李家，就是巴金笔下的《家》，在正通顺街。

私家花园，晚清至民国时也有不少。《成都通览》记载，清朝末年，成都著名的私立花园有：城内布后街孙家花园，城内小福建营龚氏遽园，城内三槐树王家花园，东门外双林盘钟家花园，南门外草堂寺侧冯家花园，南门外百花潭对面双孝祠花园。

曾著有《川园子》的著名作家谢伟认为，与苏州园林相比，以成都私家花园为代表的川西园林在建筑布局上更加疏朗，有一种清秀之美。这种风格使成都园林更接地气。

据其考证，清代至民国间，各地文化在成都交汇，形成了宫保府、李府、大夫第和可园等私家园林，被称为"蓉城四大花园"，它们曾是时人竞相效法的园林典范。

可园是成都最大的私家花园，位置在今天的忠烈祠北街，占地一百余亩。谢伟考证，当年，可园主人吴敬诚的祖父和父亲先后做过道台和知府，积攒了大量银钱，退隐之后，他们没有返回故里浙江而是选择了在成都生活。然而吴敬诚却是个典型的纨绔子弟，人称"吴二玩子"。一八八五年，他接手宅院还嫌不够气派，又耗巨资买了几十亩地，吴敬诚请来造园名师，费时四年，修起富丽堂皇的园林，命之曰可园。

此外，吴敬诚喜欢听戏，一九〇四年还在园中空地建了一家小型剧场，取名"咏霓茶社"，当年包括康芷林在内的诸多川剧名角，都曾在这里唱过戏。可园打破了成都多项纪录：是老成都四大园林中的第一园林，它是老成都第一家戏园，有老成都第一支西洋管弦乐队，有老成都第一本由私家印制面世的《可园食谱》，是老成都第一家拥有苏州评弹、东洋魔术等曲艺的"可园乐部"，是老成都第一家拥有中西餐兼有的"一乐天"餐馆，就这样一个地方，后来竟消失掉了。

谢伟在自家屋顶建了一个小型园林，将其命名为"花影楼"，后来他写有"花影楼记"："余之屋舍坐于北，向于南，面阔三间，其堂一，其厢二，游廊绕于前，花窗开于后。庭前叠石一峰，似山突起；有泉一泓，潾潾跌落，积水为潭……草木葳蕤，花似锦缎，绕舍掩石，斜探水面……"这情景

易园

倒真是得川派园林的精髓。

而今，成都最大的私家园林是位于金牛坝的易园。这是川派园林大师易文清亲自修建的。谢伟认为，没有哪一座园子能像易园那样集中而巧妙地将中国古典人文园林的造园手法和东方美学思想淋漓尽致地展现在一座园子里，它是园林艺术的集大成者。易园"半村半廓"，有都市"世外桃源"之称。

在易园，你可以看到东方园林和西方园林最大的区别，西方以征服自然的姿态造出规整园林，而东方园艺家却不想与自然为敌，因势造景，得景随形，既将自然山水搬于园林中，又将自己的雅致闲情融入到一景一物中。而且易园的山水，比起江南的私家园林，更接近自然，园子内的湖岸毫无规律地弯曲，岸边黄石堆砌，错落多变，仿佛出自天然。江南园林的湖岸，一般为直岸，显得生硬，而易园湖边取形与摆布形状各异，大小不等，显得非常自然。

此外，易园的建筑、山水形成了园林

的框架，而植物是赋予园林以文化的韵味。园子的植物搭配也很讲究布局，疏密浓淡、层次节奏都把握得相当精确，且品种繁多，四季都有不同的景致。配合园中随处可见的诗文题咏和书画、匾额等，整个园子的气韵由此慢慢散发。

著名园林专家、中国古建筑大师罗哲文先生为易园欣然挥毫："传统新园，大开眼界。"

我家离易园很近，时常步入过去，哪怕是在这园林里闲逛，都能找到不一样的感觉。山山水水之间，石、廊环绕，典雅中又有性情。

成都园林的起始，与道教有着密切的关系。四川是道教起源地，园林受道教文化影响较深，它们尽量冲淡人工痕迹，草树都不咋修剪，岸都是弯曲的，宛若天开。就地取材、追求天然也就是成都园林的特色。

除了私家园林，成都的公共园林也有个性，比如城区分布着杜甫草堂、武侯祠、望江楼等园林，而新都有桂湖、东湖等园林，它们构成了成都园林的丰富图景。关于杜甫草堂，谢伟说，真没留意过草堂内匾额上如"柴门"、"水槛"、"水竹居"、"恰受航轩"、"花径"不但来自杜甫诗句，而且与环境搭配得天衣无缝。

曾任武侯祠博物馆馆长张丽君说，武侯祠内建筑以刘备殿、诸葛亮殿和刘备墓为主体,配以辅助建筑和园林设施,共同构成了一处气势恢宏、庄严肃穆的古代园林建筑群。园林部分"个性十足"。据清代康熙年间所刻绘的《武侯祠全图》,祠内的园林风貌早已形成。清代初期重建武侯祠时,同时种植柏树数百棵,奠定了祠内以柏树为主的绿化基调。以后陆续种植花木修篁,建造亭轩,开凿水池,辟置庭园,经过二百余年的培育和养植,使得祠内园林颇具规模。今天的武侯祠园林修建是在此基础上又有了进一步拓展。

望江楼，是以竹为主的园林景观区，也是全国竹子品种最多的专类公园。园内的崇丽阁、濯锦楼、吟诗楼临江而立，可登高眺望蓉城景色。五云仙馆、泉香榭、枇杷门巷、清婉室、浣笺亭等纪念性建筑分布各处。这里的"古为今用，虚实结合"的园林空间极富地方文化特色。有园林专家指出，这其中的植物、建筑、水体、山石都是构成园林空间的要素：崇丽阁、濯锦楼、吟诗楼、五云仙馆等古建筑群构成了主要的建筑空间。流杯池等水体构成了水景空间，园内遍植的各种类竹子构成了很有特色的植物景观空间。

走进川园子，感受其所存在的气场，或许正如谢伟所说的："园林，是我们理想中的家园，我们躯体和灵魂最终的归宿。"

成都的天空很荒木经惟

曾经以为生活在某一处，会一直幸福下去。随着时间的推移，这种幸福感可能会逐渐降低，这并非是因个人的原因，而是周遭的环境、气候的变迁，让你无法找到新的幸福点。在成都生活，大致也是这样一种生活状态。

昨天，跟一位新认识的朋友喝茶，聊天。说是读宋史读明史，那都是一部部亡国奴的历史。即便是现在的户籍制度，不过是中日战争当中的良民证的延伸。这话说的真是再明白不过，许多事看似没关联，通过梳理，或许发现些许隐秘。户籍改革，这几年成都也在做一些尝试，但总觉得还不够美好。

倘若观察成都的天空，它的变化并非是多样性的，而是染上了尘色，以至于不少人将成都称之为"尘都"，这种戏谑的说法是对成都空气的抗议。成都的冬天，不成样子，灰蒙蒙的天，甚至PM2.5也会出现爆表的状况。所以一到冬天，成都逃离到外地的人不少，近的去西昌晒太阳，远的跑到三亚，或更遥远的地方。这一种逃离，有着对现实生活的背叛。

或许，这不妨理解为另一种形式的出轨。对大多数人来说，可能是无处可去，毕竟现实生活中的诸多开支决定了生活的质量。在前几年谈到的幸福感，在这几年甚少提到了，是不是大家的幸福指数有所下降，也是一个未知数。

每天面对的天空是灰色的，好像整天都是那样，即便是晴天，即便是有太阳。不免疑问，是什么时候开始变成这样的？如果做一个成都天气的编年史，或许会洞察它在城市发展的路上一路狂奔，却不会考虑每个居住人的感受。

有人说，这是城市发展所应付出的代价，但看着这样的情景每天都在上演，你居住的街区，居住的城市，在"无限"地生长，那对政绩的渴望就像无法掩盖的一种情欲，好像除了这个找不到更多的乐趣。所以，在生长的过程中，让居住的人承受不应该承受的代价，这又有什么道理呢。

从各种统计数据看，生活虽然看上去改善了，物价却也上升了。由此抵消的是对生活的解构，让原本简单的生活随着城市的发展而巨变，有点像戴着镣铐跳舞，这样的场景有点荒诞。对每个个人来说，唯有紧跟着这步伐，才不会成为一个落伍的人。那么，对城市来说，似乎不免跟随潮流，生怕落伍了被世界淘汰似的。与《美国大城市的生与死》比较，城市的良性运转或许能决定了它的未来,但在现实城市中,拯救城市常常是失败的案例,说到底,破坏了一座城市的生态,再想恢复到过去的状态,是困难的事。成都也会如此吗?让人担忧。

就个人而言,岂敢落伍于这个城市,因为你的生活开支,总是必不可少的选项,让你在这路上,随大流式的狂奔,没有终点,而个人的目的地,消解在政绩和GDP当中。这让人想起城市与人的关系,该如何相处的问题。成都的高速发展,旧城改造、建筑的增加、道路的拓宽、地铁的运行、二环高架桥的开通,以及世界企业大量的进驻,似乎都在预示着这是一个适宜工作、居住、消费的城市了。在世界名城的位置上,成都所扮演的角色是什么?诸如此类的问题,如同天空一样,不可捉摸。

随意在网络上搜索关于成都的天空关键词,基本上是以"灰"为主打色调,至于阳光灿烂、蓝天白云,只是雨后才有的

成都的天空

现象。所以,当天空湛蓝,网友感叹"像大海一样",云朵则像贝壳一样点缀天空,晚上又在夕阳的映照下含羞落幕之时,就被当成了一种奇观。成都人对天空的观察是细致的,也是极富情感的,因此,从天空来观察成都,大致能看到成都人的喜怒哀乐。

某天,抬头看天,就发现,这天空就像摄影师荒木经惟摄影的底色,不带有更多的个人情感(表露出来的可能性,演绎成对世界的虚无),这时候,真是觉得无语。难道自己就想一直这样,不想看看蓝天、白云?

有人论述说,森山大道作品的与众不同之处,在于他的死灰色的影调。他的灰色所具有的震撼力,也是成就其"伟大"的一个重要因素。当然,荒木经惟也对作品的影调结构尤其是灰色有着独到的理解。在他母亲去世以后,他印制了一幅母亲葬礼的照片。但是照片几乎没有焦点,于是他只能在灰色的空间中进行探索,也找到了一种快感。

这一种摄影的底色,也被一些国内的摄影师所采用。就天空而言,这个灰色是属于大多数城市的。成都的天空色彩变幻最多的是春天与夏天。有时,站在高处西望,可以看见四姑娘山的最高峰幺妹峰,但这样的天数极少。

于是,让人念念不忘的是,在拉萨,每天看着蓝天、白云,都觉得是很正常的生活了,但回到成都,才发现那一种稀缺让生活多么失色。是的,没有色彩的生活将会怎样呢?在今天,成都的天空看似小事,实则是事关着大众的生活质量。当天空变蓝时,雾霾是否就减轻了一些?似乎不能够。在这一点上,还没有更好的方案可以实行。

城市发展,带来的病症正在日益困扰着城市生活,有时虽有无奈之感,但想着城市生活的便捷,还是没有在乡下居住的勇气。但愿,以后的成都天空多一些蓝天、白云,夜晚能够看清月亮、星星。

美酒成都堪送老

第二辑 饮食谈

著名作家李劼人先生在小说、文章中，多次谈到了成都饮食。而在他的晚年，恰逢一九六〇年代，在《李劼人晚年书信集》里，依然可找到他对饮食的态度。

吃在成都

李劼人书信里的吃

一九五九年十一月十三日,李劼人致信沙汀,说明在十一月十六日招待巴金在芙蓉餐厅订餐的情况。关于配菜,他说:"为了不太奢侈,故不用海味。又为了不太花费,故避免用鸡,而将烤鸭易为香酥,则不仅吃皮,而连鸭架都吃了,又不浪费故也。"在信后附有菜单:"四个七寸盘:熏鱼、夫妻肺片、脍黄喉加舌掌、叉烧搬指;七大菜一汤:干烧大杂脍、锅贴高笋片、宫保腰块、清汤玻肚(加菠菜面水饺)、红油豆腐鲫鱼、香酥鸭、甜烧白、海带韭菜酸辣汤。"

第二年,巴金再次回到成都,李劼人在写给女儿李眉的信中说:(十月十九日)"因巴金来成都,才宴请到芙蓉餐厅吃了一席。同席有张秀熟、李宗林、沙汀夫妇及其子,我们全家。花钱不多,只是包席颇不容易,须经市人委办公厅正式开出通知,而后,由餐馆把菜单呈商业局核定配与材料。"

一九六二年十一月十日,他致信四川大学教授魏时珍除了问候健康之外,还说:"如能支撑,可否约一时间,来寒一谈?虽无佳肴,但有绍酒(确是好酒,已喝过十斤了)以助谈兴也。"

第二天,他致信时在北大任教的张颐说:"成都市面,现在确实在复苏了,市面吃的东西都渐渐有了,就只贵得很,素浇面一碗卖三角,锅魁一枚卖两角,炒落花生每斤从三元二角降到二元四角,烧鸭(注意是烧鸭而非烤鸭)每斤五元,一整只在八元左右。"

李劼人与四川大学教授蒙文通是至交。十五日,他作书招饮:"文通老弟足下:十一月十八日星期日,请命驾来菱窠吹弹小酌。不管是日天气如何,希望在正午十二点前,到达菱窠。先吃家常素面过午,而

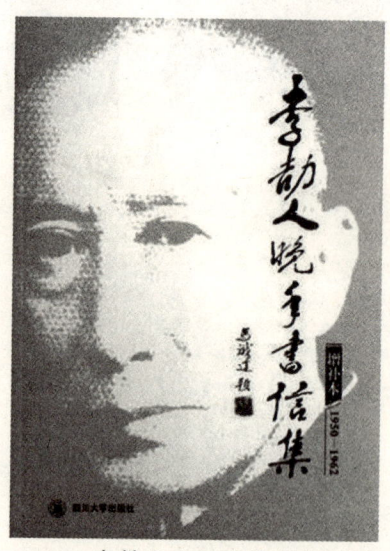

李劼人晚年书信集

后放肆吹谈,而后吃成都餐厅做的几样好菜(由我私人秘书折零回来的),伴以状元红绍兴酒。如此聚会,数年来未有,今忽有之,断不可失!同时共吹、共吃、共饮者,只老魏夫妇,并无他人(魏婆或不能来,魏公则必来)。现由九眼桥东头河岸边(起点),已有公共汽车通到师范学院路口,来去比较方便。上车买票,但言师范学院,票费一角六分。有时因时间不对头,须等上二三十分钟耳。特此奉约,并颂时祉!李劼人顿首。十一月十五日上午付邮。"

过了两天,他又紧急通知蒙文通:"文通老弟先生足下:原约十八日吹谈吃喝一次,不意室人突病,十八日决难支撑作厨。只好改在更下一个星期日,即十一月二十五日再会。昨由龚君(我之私人秘书也)到尊寓面告,适公出未遇。恐有未达,特函告如上。魏公处已通知,二十五日之会,纵天雨亦不改,时间仍旧,希记之为要!"

也许这是李劼人的最后一次聚餐。这一年的十二月二十四日,他就离开了人世。

沙汀谈吃

沙汀虽不是美食家,在诸如《在其香居茶馆里》、《防空》、《某镇记事》、《淘金记》等描写乡镇特殊风貌的小说里,少不得记录饮食。在《某镇纪事》里,沙汀用散

沙汀日记

文化的笔调,描述了川西北小镇的日常生活状态,每天"各人都按照老规矩一早起床,于是一路扣着纽扣上茶馆去","吃过早饭,又上茶馆,而且说着照例的话,'换一碗',或者'茶钱这拿去'"。 在他的晚年日记里更是记录了不少与饮食相关的事。

一九六二年十一月十六日,韦君宜来成都,他们谈了四川文坛的状况,晚上,沙汀陪着她去政协吃了小吃。他在日记里说:"在我这是第一次,但我以后决定不再去了。"十二月二十九日,"晚上去街上买了白兰地和味美思(葡萄酒)各一瓶准备过年,因为玉颀不赞成我喝白酒了。"两天后,参加完李劼人的追悼会,"这半天真把人累够了"。"老是想起劼人的问题,去向

友欣谈了些资金的想法。回来后喝了大半瓶绍酒，这是几月来喝得最多的一次，几乎有点醉了。"

第二年的一月二十一日，他在日记里记录了一次聚会："菜还不错，最后的冰糖煨蹄膀使人大吃一惊，没人敢下筷子。"有一次，他出差去重庆，白戈请饭，"席面很好，最有特色的是清蒸鲢鱼。我从来还没有吃过这样肥的鲢鱼"。

七月二十四日，沙汀因病住在医院里，"团鱼太多了，我只吃了一点就送人了"。很显然是胃口不太好。在成都生活，常常要吃到小吃，比如有一天游逛，到了商业场口，她们（家人）去吃"三友凉粉"。

一九六五年十二月二十四日，"吃过晚饭，艾芜来了。我取出花生，他说火重不吃。于是我又切了几个广柑，我们就吃起来"。随后，沙汀说，我想吃完后谈谈心的，他提醒我说："七点半开小组会呢。"然后两人就分开了。

一九六五年的最后一天，沙汀"晚饭后散步到盐市口，又通过青年路、春熙路回来，把人拖得相当疲倦，喝了两杯葡萄酒，一杯白兰地，很想喝白酒，终于克制住了"。

流沙河看饮食

流沙河先生近年研究文字学，但他也精通饮食学。作家、出版人吴鸿记下他的一个生活片断：沙河老师给其的《四川苍蝇馆子》作序，在序言里，他说，旧时成都少城小街数十条，条条皆有苍蝇小馆，味道极佳，且上桌快，"咄嗟立办"，今皆成梦影了。留一家老菜谱在那里做种吧。在一次闲聊中，"看了他写的"，沙河老师用右手在胸口由上往下来回摸着说："狗日的，只有羡慕的份儿。他到处去吃，我才发现，老子这辈子白活了。"

关于饮食，当然是见仁见智的话题。沙河老师为成都的好几家餐馆写过赋，如为市美轩题壁："鸡丁说宫保，豆腐话淮南。锅巴烩肉片，炸响满堂欢。嗟彼千金宴，凤牝配龙鞭。宴毕肚未饱，花些冤枉钱。"北渡鱼庄，大厅正中就挂着一幅木镶壁画，上有沙河老师的题诗："北渡垂杨系客舟，野客烹鲢系旧游。岂知后来天地转，鱼脍金盘上玉楼。"他也为不少饮食店书写店名或对联，这当然是源于对饮食的热爱。

他对饮食的观察，可谓有独到之处，比如说豌豆尖：五十年前，大军南下。有北人说："你们成都人卖汤面，豌豆苗垫底，显得份量足，不老实！"他不知豌豆尖埋在碗里烫熟，味道才鲜。更不知成都人把那半生半熟的豌豆尖看得比面条更珍贵，爱称之为"青尖"，嚼得津津有味，仿佛一碗菁华正在此也。不少顾客盼咐堂倌："青重呀！"就是叫多放些豌豆尖。至于面条分量,旧时一斤面条煮熟挑成八碗,有定例,不会少。

且看他说小巢菜:春节期间,成都平原正是采摘巢菜的时令。菜市难睹此物,因此嫩尖采摘起来太费时了。田间半日所得,烹熟上桌不过一碗而已。现今劳力值钱,农家缺乏采摘的积极性。旧时春节前后,此物大量上市,价钱便宜,家家户户莫不食之。回想起来,米汤烹小巢菜,放姜粒,配腊肉切成颗,细嫩清香,味道真美。

成都是市井小城,离不开吃与茶,他亦有蜀人吃茶十五谈,也有《四川老茶馆赋》:铜壶沸水,江边雪滚之水;瓷碗冲泡,蒙顶露滴之茶。置我身于喧闹之中,闹中取静;息吾影于奔忙之后,忙后偷闲。龙井雀舌,紫笋黄芽,欲品必须上品;解闷消食,明目利尿,评功只算馀功。心既清矣,反省一日之劳;脑亦醒焉,旁观众生之相。而关于道茶,沙河曾说,青城山有所谓道家茶,极品拿到成都拍卖,几两茶叶拍成七万八千元的天价,吓死我也。人说:"商业炒作,见怪勿怪。"我想也是。虚张声势,为产品闯销路,未可厚非。不过话说回来,这消息见了报,若真是假新闻,总不好吧?拍卖难道允许做假?人说:"就是有找托儿做假的,你不知道罢了。"我翻出那张报,再看。哟!青城山道家茶资格老,已有两千多年历史。真的吗?

在饮食风景中,由此可以窥见成都文化的内在联系。精于生活,从饮食中出发,可以扩散到成都人对生活的态度。

泡茶馆的文化人

成都茶馆数量众多，在全国无出其右，这与成都人的生活习惯相关。除了本地文化人爱泡茶馆之外，不少文化人来到成都，也爱泡在茶馆里，倘若以这个做一张成都茶馆的老地图，也能看出成都茶馆的风貌。

在不同的历史时期，成都所拥有老茶馆都是众多的。如在民国年间，华兴街的悦来茶园、少城公园的鹤鸣茶社等等，而位于城守东大街的华华茶厅，有茶座一千个左右，堪称当时的西南之最。茶厅三个大厅当道处都悬着纸板大日历，还抄写了很多治家处世格言，格调颇为不俗。据介绍，华华茶厅地处繁华商业区，交通便利，邻近大小餐馆也多。它的茶具考究，茶叶又全是每年从大邑、邛崃采购的春茶，自烘自窨，物美价廉。它给顾客擦手的毛巾共有七套，逢星期一便用印有"星期一"字样的，令顾客觉得颇讲卫生。

抗战时来蓉的各类文化名人也大都以泡茶馆为乐，朱自清、叶圣陶等人入乡随俗成茶客。在抗战时，春熙北段漱泉楼对面的三益公茶楼，影星白杨、秦怡常去那里喝玻璃（白开水），这里面还有吴茵、谢添，一时成为街景。后来这些人在华兴街开了一家"沙龙茶座"。

叶圣陶先生是当年开明书店的负责人之一。成都的开明书店就开在少城公园对面，叶先生常同朱自清到少城公园的绿荫阁和望江公园的望江楼茶园品茗。

客居四川的黄炎培，是中国民盟和民建的发起组织者之一；他对四川饮食产生了浓厚的兴趣，尤常坐茶馆。他的《蜀游百绝句》中就有一首专咏成都餐饮的店招："小小商招趣有加，味腴菜馆涴秋茶。临时生活维持处，不醉无归小酒家。"

"涴秋"是一个小茶社，今不知其旧址在何处了。他还写有一首打油诗描绘成都人日常生活的闲逸，

文殊院茶馆里的一景，不仅可以喝茶，画家也将此绘成图画

其中两句是："一个人无事大街数石板，两个人进茶铺从早坐到晚"，这似乎一直是成都人的生活状态。

商业场的昌福馆，作家何满子上世纪四十年代在成都编报纸副刊，他每两三天必去那里一坐，既可遇到文化界不少熟人，索稿交稿也都在茶座解决，十分方便，如今这种风气早已不见了。

朱自清在昆明西南联大教书，一九四〇年暑假时，他随夫人陈竹隐来到成都，住在锦江区的宋公桥街。这是他第一次来成都，几间十分简陋的土墙草房，但朱自清住在这里却自得其乐，他每天除了看书写作，便是接待来客，天南地北地来一番即兴交谈。这一次，他还和夫人到悦来茶馆去看川剧。

说起茶馆，不能不提华西坝。在抗战时，这里是著名的文化交流场所，小天竺街的"居士丛林"茶馆和"南益茶舍"等数家，也非常出名。华西坝是抗日战争时期文化圣地之一，国内学者名流，一到成都，没有不到华西坝的。而且，不少文化人就居住在华西坝附近。小天竺茶馆常出现的茶客就有陈寅恪、吴宓、梁漱溟、潘光旦、朱光潜、朱自清、钱穆……等赫赫有名的大学者。

一次看戏，朱自清认识了邓锡侯。在其后的日子里，朱自清除了在家写作，便是和几个文人朋友在茶馆里闲情说诗，泡上一杯清茶，家国乱离中也有一份闲情在。

在成都时，朱自清受到邓锡侯、余中英、张群、黄季陆等人的礼遇，尊为上宾，常与诸好友同坐茶馆。值得一说的是，那时的地方官员与学者、艺术家也常有来往，这一种风雅，似乎在其他城市也是少见的。

一九三七年，朱光潜到成都，就任四川大学文学院院长，兼历史系主任。不过，他和才来成都的其他年轻人如卞之琳、何其芳一样，感觉到这里风气相对闭塞，文化氛围比较沉滞，于是在何其芳的提议下，与卞之琳、方敬、罗念生、谢文炳等一起创办了一个小型半月刊《工作》，卞之琳主编，何其芳主稿，每人轮流出印刷费。这

泡茶馆的文化人

其中的组稿、讨论少不得是在茶馆里进行的。

教育家舒新城曾写道，上个世纪三十年代成都给他印象最深刻的是人们生活的缓慢节奏：在茶馆里，"无论哪一家，自日出至日落，都是高朋满座，而且常无隙地"。一九二五年河南人薛绍铭也发现，"住在成都的人家，有许多是终日不举火，他们的饮食问题，是靠饭馆、茶馆来解决。在饭馆吃罢饭，必再到茶馆去喝茶，这是成都每一个人的生活程序。饭吃的还快一点，喝茶是一坐三四个钟点"。

钱穆寓居成都时，常与金陵女子文理学院的罗倬汉教授相约于华西坝的一间茶馆叙谈。那茶馆邻锦江，靠在竹椅上，看锦水潺潺而去，听鸟儿啁啾于枝，相比他曾枯坐于云南宜良一座庙宇中"萧寺读书"的寂寞，真有着天壤之别。罗倬汉教授又是个好吃嘴，品茗之时，每每要购一点彼时成都的名小吃"八号花生米"混嘴巴，钱先生也乐得同时亲近了茶香与成都小吃之香。

后来，四川大学从峨眉山迁回成都，校长黄季陆力邀钱穆去川大执教，钱先生"遂每周于华西坝从田间步行至望江楼"，在扫眉才子薛涛的文脉之地，他找到了一间比华西坝河边更好的茶馆。晚年的钱穆曾撰文说："余之在成都，其时间之消费于茶座上者，乃不知其几何矣。"

如今的成都茶馆也在发挥着这样的功效。不少文化人来到成都，不是急于逛一逛景点，而是泡一泡茶馆，似乎才能体验到心安处即吾乡。在这种慢节奏中，成都生活才——舒展开来。

春节生活指南

奥斯卡·王尔德曾经说过，无所事事绝非易事。身边总有那么多人想让你干点什么。比如过春节时，除了饭局，就是麻局，并且没完没了地进行，好像惟有这样才能让春节过得更为圆满一点。

但我知道，这样的过法就像作家吴鸿所说的那样有点"粗俗"，但既然觉得这有乐趣可言，对旁观者来说，也是无话可说的吧。不过，在我，春节与其说是亲朋好友的聚会，不如说是趁着过年的氛围，大伙儿找一点乐子更为恰当。洪应明老先生说，从静中观物动，向闲处看人忙，才得超尘脱俗的趣味；遇忙处会偷闲，处闹中能取静，便是安身立命的功夫。那么，写这个春节生活指南，也不过是想在春节中能增添一些乐趣而已。

"今年比去年好玩儿。"这应该是每年春节的总体期盼，倘若偏离了这个轨道，即便是春节过得有滋有味，也会给人一种"一辈子春节就是这样过来的"感觉。其实，这可不是我们喜新厌旧，而是在这传统春节中，总想着过出不同的花样。

春节的过法可以多种多样，比如选择去旅行或者待在原地，由此延伸出不同的春节意义。去大理去丽江去三亚或走出国门，不过是寻求跟传统春节的一个疏离感。其实，不管我们怎样去过这春节，总免不了吃吃喝喝，跟旅途中的陌生人一起，是不是可以更多一些创意？我想，这都是可以有发挥的空间的。又或者亲朋好友来聚会，同样要过得不一样，才更"符合"春节这个团圆的氛围。

在中国这个熟人社会里，要想避免饭局，真也是件困难的事，特别是在这个合家团圆的日子里，饭局的多少虽然我们可以理解为亲朋好友的多少，另外也说明了一个人的社会影响力有多大。每天总有饭局，总比几天轮到过一次更为"腐败"一些，这也说明他（她）的关系足够广大到怎样的程度。这时候，更多的是一种应

丰盛的饮食

酬,主人总喜欢大家尽欢而散,酒一定要喝好,饭一定要吃好,好像这才是待人的礼数。

岂知现在的春节,完全不是这样的过法了。在讲究吃喝的同时,还在注意饭局是否设置得更健康更养生一些,尤其是在喝酒的时候,也得把握一个度,酒的妙趣和恶闻都在于这个度。春节喝酒大可不必拼酒,劝酒或许要得,自由散漫的喝酒就像在饮食盛宴中的漫步,或许更符合春节的个性一点。菜呢,也是尽量避免大鱼大肉了(油水太大),谁都在乎这几天身体是否会"三高"。不妨在菜的选择上清淡一点有情调一点有创意一点,这当然是从未有过的考验(对厨师而言同样如此)。我们祖先过春节是有一套程序(祭祖、拜年等等)的,但也不乏创意的产生,让春节过得更有意思一些,这亦如音乐评论家刘雪枫对古典音乐的态度:古典音乐在中国,不是生活必需品,也没有必要人人都去听,但有缘的人,一定会爱上,人生也就从此高贵多彩。谁会拒绝高贵?

在这一点上,今天的我们可能比祖先高明不了多少,甚至于由于现代的便利,很多高贵的形式都被忽略掉了。虽然亲友间相互拜年、晚辈给长辈拜年、同事间互访,以及团拜、宴会、晚会、茶话会等恭贺新年的形式层出不穷,也有了很多的好玩之处,却给人一种非现场感。待在城市里

过春节,打工者会回到老家去,一下子原本拥堵的交通也畅通了,人流量也少了许多(热闹转变为冷清)。对上班族来说,这或许是一个休息的好日子,"宅"在家里,安安静静地过上那么几天,远离了职场中的勾心斗角,多了一点情趣,这就像一个小调进行曲。即便是这样,倘若春节过得没有那么多的创意,无疑会让春节这几天显得很平淡,或者说很无趣:单调的生活总是让我们找不到它的激情。

待在城里的春节也是可以有不同的过法的。不管是饭局也好,麻局也罢,以及其他的"局",都不妨有着一个游戏的心态在,不必当真,不必在意其中的得失。有时候,我们把得失放在这些"局"当中考虑,而且是首位的。这就让原本还算圆满的"局"多了些功利,而不能自由自在地畅游在那个世界里,自然也不能体验那里的美好了。这样说,是因为当我们把春节考虑得跟职场上的得失同等重要的时候,过得会比较累一些,至少是不能够达到"开怀畅饮"的境界。

春节在某种程度上是个人小宇宙的基地,从这里出发,到达不同的场域,因为期待的不同,也会收获着差异。在我看来,有饭局固好,无饭局不妨在家跟家人团聚,做一个创意的菜式,或者提供一个难忘的晚餐,给家人带来小惊喜是同样重要的。我要说的是,可能我们习惯了一种生

活式样,连这样的惊喜都觉得无所谓了,此时,不妨试试看,这惊喜没准儿会持续很多年,并成为春节的谈资。

在我的经验里,平时我们可能都在忙着自己的工作,虽生活在一个屋檐下,也时常有交流,但那都是几近流于形式的问候,至于最关切的问题,却有可能忽略掉。那么,在春节期间不妨细细打量你身边的这个人,他(她)的细微变化(说话的语气,吃饭时的姿态等等),或许能带给我们更多的发现。正是基于这个道理,我们对生活的企求才会更多一点。

由此,我进一步想到,要把春节过得更有意思一点,并不是多么困难的事,此时不妨多一些大胆的尝试,比如试做一道菜肴,去一个地点游玩,至于这背后是否成功,并不是太重要的了。"真没想到,春节还能过得如此刺激。"这样的话或许更为值得一些。

川菜的古早味

古早味这几年成了流行的趋势。在台湾，所谓的古早味是指，追循历史流传至今的饮食制作方法和味道。但这一种味觉趋势在今天，可能因为时髦饮食的冲击，许多古早味店铺正日渐式微，而追循传统的老师傅、老店铺，则仍在付出与收入不成比例的情况下默默地艰难支撑，为的是给日渐稀少的怀旧食客留一份"正宗"的老味道。

不过，这一种状态，现在也变得有些稀少了。那么，把古早味放在四川，也许更能观察到它的变化，大概每个吃川菜的人，都很少注意到川菜的变化。这可以归结为四川人味觉的变迁，也包括了不同的移民进入四川以后，不断地给川菜注入活力，让原本不是那么具有特色的菜肴变得风靡一时，"全国山河一片红"，或许正是它的魅力所在。

川菜的历史追寻起来，大概可以直接到古蜀时期，却因缺乏相应的资料佐证，时下更流行的看法是，起源于秦汉之际。而学者愚人则认为，得出这个结论的人大约多是想当然地认为，既然在四川这块地方生活的人，他们的饮食方式必定会继承古代生活在同样地区祖先的传统习俗，只要这里曾经生活过的人不是死绝，只要一代又一代繁衍下来直至今天，那么，他们就是有传统继承的，只要传统可以清晰地追溯到一个比较"文明"的形式和内容，就可以得出这样的结论了。但事实上，生活在四川的先人们更像是齐德蒙特·鲍曼所说的"流动的生活"，远在公元前三一○年，秦统一九州以后，迁六国贵族移民巴蜀，因此，给川菜带来了中原文化的特色。

大概是在三国两晋时，形成了川菜的特色。《华阳国志》里说："其辰值未，故尚滋味。德在少昊，故好辛香。"至于此时的菜式，多已不详。但秦汉以后，川菜还流行着甜味，蜜的重用跟当时的社会环境有关。古典川菜在两宋时期始成为一大菜系，如《益部方物略记》、《东京梦华录》等当时的文献中，都有川菜的记载。此时的川菜跟今天也大不相同。近代的川菜当跟清时的"湖广填四川"有关。

在川菜史家看来，清朝中期以前的川菜，是古典川菜，皆因过于古典，至今流传的并不是很多。到了一八六一年，川菜进入现代时期，其表现是那时流行的菜肴跟今天相似，"烹饪技艺简单、粗糙，它受到来自湖广、江西和陕西等省移民带来四川的下层饮食风格的影响"，实际上是各地风味的混合。这以后绵延至今，川菜中的菜式发展可谓风云突变，不断有新的菜式亮相，从而将川菜一步步推向全国，走向世界。

　　这个过程当然就是川菜的传播史。不过,但就菜肴的变化,或许能看出川菜味型的发展。时下所谓的川菜只有麻辣的看法广为人知,倒是掩饰了川菜的本色,这就好像谈川剧只知变脸、吐火就是川剧的精华一般,真是大误解。川菜虽以咸、甜、麻、辣、酸等五味为基本味,还讲究复合味,以至于在五味之上有香味、鲜味、本味、苦味等,由此还延伸出了家常味、鱼香味、麻辣味、怪味、椒麻味、酸辣味、煳辣味、红油味等,多达二十多种,这反映的是调味变化之精微,多一份少一份都有可能改变菜的味型。

　　去饭馆吃饭,或许我们很难留意到古典川菜的状况了。更广为人知的是现代川菜,其变化多端却也还是让人迷恋,考察八大菜系,像川菜这般丰富的,还真是少见。不过,就现代川菜而言,其中的变化在这几年也很突出,比如新型川菜的流行,或如江湖菜,虽对川菜有所发展,但对川菜味型的破坏却是显而易见的,其"味重刺激,以麻、辣、鲜、香为号召,调味宁过勿

今天的川菜

缺,油重料厚,象一个莽撞少年,图一时之快,不计后果——吃时淋漓尽致,食毕生厌;久未得尝,又朝暮相思;择日邀约,一饱口腹,却又抻胀难奈,不思饮食……如此这般,周尔复始。"这种对味觉的破坏,让我们体验不出川菜的精华。

　　也许因江湖菜就像是一个筐,什么都可以往里面装,水煮鱼、毛血旺,无不如此。这江湖菜百分之八十以麻辣为基调,其中相当一部分是由火锅演变而来。那么,在这里谈川菜的古早味,当然不是时下流行的江湖菜,而是回归到现代川菜的原点上。这当中也有细分,比如川菜的高档主要占据清淡、华丽部分,低档则充分发挥麻辣刺激和浓郁的优势。但不管怎样,它所讲究的是以自然、新奇取胜。

　　美食家吴鸿曾评价现代川菜对味觉的破坏是以往川菜所未曾有的,盖因为你在街边的小馆子吃饭,遇到中意的菜却总是越来越少,更不要说去追寻川菜的古早味了。至于川菜的古早味所能恢复的只是一百年前的味觉体验,而不是追寻到古典

川菜里去。无他,在这个餐饮日异月新的时代,要想复古还真是不大容易的事;再者,即便是家常味如果仔细去考察,会发现它的制作方法也有变化。大致说来,饮食风决定了菜肴的变化。但习惯了今天的江湖菜、火锅,以后再谈川菜的正宗怕真是无法追踪到它的历史呢。

古早味即意味着正宗,但川菜的长期融合,简直打破了不同菜系的不同界限,以至于我们吃到川菜,都无法用正宗来标示,这皆因为川菜的正宗源头实在是没个系统可言。而在川菜的缓慢进程中,不同味型的变化或许能作为考察其历史的缘由,这也是我们追踪川菜古早味的一种方式。

不过,要说古早味的失传,在今天依然可见,小吃的失传尤为明显,老成都庄良成去年"找回"了二百零四种成都名小吃,却已有上百种失传。固然这种失传在餐饮江湖中不可避免,但对川菜古早味的追寻,或许能让我们找回川菜中的经典,探寻其制作方法和味道,有助于我们还原味觉上的老成都。

小吃的世界

成都小吃甲天下。所以，不少人到成都，都要尝一尝小吃，似乎只有这样才算是到了成都。据《川味小吃》记载，有赖汤圆、龙抄手、钟水饺、韩包子、痣胡子、龙眼包子、军屯锅盔等等，多达四五十种。成都小吃到底有多少种，似乎没有详细的统计数据，从整体上看，有两百余种。这在《成都通览》一书里依稀可以找见它们的身影。

百年川菜史，离不开小吃。不过，随着经济社会的发展，一些小吃已经"变味"，甚至消失掉了。倘若我们考察成都的名小吃，其来源多是早年由小商小贩肩挑手提，沿街摆摊设铺经营起家的。这些小吃往往以小商贩的姓氏和设店开业的街道为名，招牌丰富多彩，且紧扣着行业特点和店址风光，如总府街的三顾冒菜、赖汤元，荔枝巷的钟水饺，长顺街治德号的小笼蒸牛肉，耗子洞张鸭子，洞子口张老五凉粉，铜井巷素面等等，有的名小吃如今已迁新址，还依然在沿用旧名。

先说夫妻肺片。一九三〇年代，成都皇城附近多为回族聚居。当地食用牛羊肉时只食用肉，忌食内脏。那时有一对年轻的夫妇（男叫郭朝华，女叫张田正）看到内脏都被扔掉觉得很可惜，小两口正忧于生计，于是就到屠场捡内脏。经过反复试验，再配以夫妻搭配调料炮制，让肺片成为了美食。开始时，这美食称为"废片"，又因其夫妻制作出来，故前面又冠以夫妻二字，才得名为"夫妻废片"。后，废字不太好听就改成了"肺片"。如今，在总府路上的"夫妻肺片"依然在经营。

龙抄手，是成都的一道名小吃，虽然现在还在营业，其味道大不如以前，有不少朋友吃过之后大呼"不正宗"。这龙抄手的得名，并非老板姓龙，而是创办人张武光与其好友等在当时的"浓花茶园"商议

川味小吃

开抄手店之事,切磋店名时,借用"浓花茶园的"浓"字,以谐音字"龙"为名号,也寓有"龙腾虎跃"、"吉祥"、"生意兴隆"之意。其总店一九四一年开设于成都的悦来场,五十年代初迁往新集场,六十年代后又迁至春熙路南段。再后来,就在各处开设了龙抄手分店。传统的龙抄手的特色是:皮薄、馅嫩、汤鲜,如今的龙抄手却达不到这样的高度,吃起来缺少了几许滋味,倒是后来的一些抄手店迎面赶上,大有取代其江湖地位的可能。

成都不是一个面食城市,却在面食领域占有独特的地位,可以说,成都对面食的喜爱,既可以当小吃,也可当主食。如韩包子、钟水饺等等,俱是名小吃。就是面条,也有担担面、宋嫂面、铜井巷素面,多达十余种。如军屯锅魁,又名"酥油千层饼",其做工考究,独具风格,以香、酥、脆、细嫩化渣而出名。它也是别有故事的。一种说法是,三国时诸葛亮命大将姜维率部在今四川彭州市军乐镇休养屯垦、牧马练兵,"军屯"由此而来,今天的锅魁就是当年军中干粮逐渐演变而成。而另一种传说是由周乐全与师父马福才共同打烤出名的。而今在军乐镇上,周锅魁是最著名的一家。

关于钟水饺,也有一段故事。二〇〇〇年的时候,我去《文史杂志》主编邓卫中家拜访时,晚饭吃的是钟水饺,从店里直接端回来,有红油水饺和清汤水饺两种。第一次吃红油水饺,放糖,微辣,真是别样风味。钟水饺始创于光绪十九年,创始人钟少白,原店名为"协森茂",一九三一年开始挂出了"荔枝巷钟水饺"的招牌。这水饺以其独特风味蜚声海内外。在用材上,它与北方水饺的主要区别是全用猪肉馅,不加其他鲜菜。如今,位于提督街的钟水饺店随着城市扩建,已不见踪影,邓先生也于二〇〇六年去世,这是让人怀念的事。

蛋烘糕作为糕点,在夜晚的食摊上也常常遇见。常常跟朋友在街边吃东西,遇到卖蛋烘糕或银耳羹的,也就来一份。说起这蛋烘糕的来历,也有一百多年了。清道光年间,成都文庙街石室书院(现成都石室中学)旁一位姓师的老汉从小孩办的"姑姑筵"中得到启发,遂用鸡蛋、发酵过的面粉加适量红糖调匀,在平锅上烘煎而成,吃起来酥嫩爽口,口感特别好。吃晚饭时,来一两份蛋烘糕,犹如餐前小点,那一种舒适是多么美好。

如今,在锦里或宽窄巷子,都有成都小吃的身影,但说起地道,还是街边的小店更为舒适一些(不会有那么多的好吃嘴,价格也相对适宜),不过,这需要发现。前几年,成都还有小吃城,套餐,大而全,可仔细吃起来,却品不出典型的味道。小吃,正是在于其经营的"小",少了一些商业化的因素在，老板选材、做法都不肯马虎过去，所以才有了名声。小吃店一旦做大（比如开连锁店），可能在某一些方面就无法周全，致使食品质量下降的可能性增加。

细数成都小吃的故事可真不少，似乎都有相似的故事，但说起其美味，却又各不相同。小吃，在成都人眼里，不像广东人早茶上的点心，也与江南的茶点有着差异，他们是为升斗小民而活着，并不一定有响亮的名号，只是因为人们爱吃，它才得以流传下来。不过，小吃也正因此面临着危机，因其小成本经营，难以做大，如此就难免人才匮乏。小吃的命运如同其他手工艺一样，会有一个兴衰的过程。从这个角度看，我们能够在日常生活中吃到许多小吃，是一种幸福。

如今，在成都的街头可以随意相遇到小吃。只要是赶上饭点儿，看看哪里好吃嘴多，门口排着队，就去哪里吃，准没有错。与其相信名小吃的名气，我倒觉得这种偶遇的小吃更有意思一些。

食器琐谈

有时去外地闲逛，总会看到好看的食器，信手拈来亦让人眼睛发亮，时常是忍不住手买下，回家打开来看，也真感叹它们的做工朴素、造型巧妙。这种对食器的爱甚至旁及食物，好像只有这样才能构成恰如其分的饮食。清代著名诗人袁枚也是很牛叉的美食家。据说他纵观古来美食与美器的发展史后，感叹说："古诗云：'美食不如美器'，斯语是也。"有人据此说，美食始于美器。但每次去饭馆吃饭，讲究食器的也还大有人在，至于不讲究食器的，更不在少数。

食器虽然作为食物的承载物，最早的形态，不过是方便盛取罢了，但也还是陶器，随后发展为陶罐、陶釜、陶甑等等，这日趋精美的陶制食具则反映了古人对美器的追求与重视程度。食器的变化跟饮食结构、饮食的烹饪方式的变化相关，比如青铜酒器便是商代最具代表性的食器。至于鼎及簋为夏、商、周时期最盛行的食器，它们的器型风格厚重，繁缛纹饰中具有神秘、狞厉美的特征，与战国时期蕴含纤巧、活泼及清新风格的漆木制食器有着很大的差异。现在普通餐馆所使用的食器，大都在秦汉时期定型、使用。瓷器在饮食中的应用则迟至魏晋时才出现的。

考察食器的发展史，真是变化多端。但总体而言，随着不同区域的文化融合，食器也在发生变化，比如隋唐或稍晚的时代，城市的兴起，酒肆饭店也在增加，这同样促进了食器的进化，且众人围坐共同进食的合食制已取代了传统一人一份的分餐制。在更晚的时期，酒器、茶器也从中分离了出来，成为单独的门类。不过，在今天饭馆里吃饭，能遇见称心如意的食器也是难得的事，一餐饭也会因食器的变化而富有更多的情调。

川菜的变化，在某种程度上决定了食器的应用有差异，材质上可分为青铜、牙骨、陶、瓷、铁器、木、竹等。器皿的细分也大有讲究，比如春秋的青铜鼎，隋代的邛窑四耳壶，明朝的青花筷筒，清代的汤勺和粉彩龙凤纹碗等，高至八十厘米的清代刻花清釉泡菜坛，小巧玲珑二十厘米的绿

大邑白瓷

釉泡菜坛等。这些食器大都可在川菜博物馆里看到。总的来说,选择合适的食器则决定了餐馆的品位和情调。

美食家们可能在意食器的变化对味觉产生的影响,比如食器色彩学则强调食器在色彩、花样上要跟食物搭配。在色彩上,重在对比,前提是对各种颜色之间关系的认识。有经验的厨师对此特别讲究,饮食与器皿的搭配"靠色"则会影响食材的外观。比如将青菜盛在绿色盘中,既显不出青蔬的鲜绿,又埋没了盘上的纹饰美。如果改盛在白花盘中,便会产生清爽悦目的艺术效果。

此外,食物与器皿在外形上要适宜,要产生疏离感。中国菜品种繁多,形态各异,食器的形状也是千姿百态,最适合的食器则是一盘菜能让人产生食欲。比如平底盘是为爆炒菜而来,汤盘是为熘汁菜而来,椭圆盘是为整鱼菜而来,深斗池是为整只鸡鸭菜而来,莲花瓣海碗是为汤菜而来等等。凡此种种,既涉及到饮食烹饪学,也跟审美趣味相关,即便是一碗普通的

食与器

面,也一定得有适宜的碗才能显示出它的气象。这讲究的既是对食材的关注,也包括了对食器的考量。

某次,跟朋友去一家小馆子吃饭,地道的八仙桌,菜端上来的是土碗,看上去都颇有乡村气息,菜哪怕是弱一点也让人不免想起乡下生活,那一种闲情和闲趣虽在喧闹的吃饭氛围中有所减弱,到底是别开生面。曾在百花潭畔的毓秀苑吃一碗情深的米线,那碗阔大,看着就舒服,且碗里一圈文字记录着米线的故事,边吃米线边读故事,也是好玩的事情。

前段时间,几位朋友去一家南充诗人开的餐馆吃饭,特别高兴,几样特色菜所使用的食材是从南充带过来的,而做法、器皿,显示出的都是南充风味,在那里吃饭,估计能让不少南充人有思乡之情。美食家吴鸿兄对不同的餐馆有评价,而他所说的时下的一些川菜"破坏"味蕾,也包含了对食器的批评:很舒服的碗筷,配置适宜的环境,真是能让人有大碗喝酒、大块吃肉的食欲。

美食美器，是一种境界。但新派川菜却似乎不是这样。虽然其从口味、菜品搭配、器皿及菜品名称等各方面均颇下功夫，独具匠心的菜品巧妙地用别致的竹篮子、瓦缸或土陶配搭，菜品上更大胆进行了"川粤组合"、"川湘组合"。海鲜川做，所有菜品力求精益求精，色香味型尽善尽美，但到底是粗俗了些。其菜品的文化意境和食器的搭配看似精细，但大有可能在某个细节上露了底。这倒非是我对新派川菜没多少好感，而是在川菜中，那种对器皿的要求，或许更为突出一些吧。

日本式食器的精细或许能给川菜提供参考。那一种菜与食器的布局，以及上桌形成的美感。但其所制作的食器却大都不会印上诸如"碧纱待月春调珍，红袖添香夜读书"之类的诗句，因这诗句总可影响食材的视觉效果，看上去原本很风雅的事，然而产生的结果真是煞风景了。我倒觉得那种架子白肉的简洁、朴素该进入川菜美学，让川菜焕发亮丽色彩的才是王道。

有一回，我拿这个跟美食家交流，他听了我的意见，直接说，你以为花几十百把块钱，就能有很好的就餐环境、享受美食美器，那怎么可能？苍蝇馆子正是普通的食器，好吃的味道才吸引人的。我不否认这个。但假若川菜馆都有自己让人赏心悦目的食器，是不是也更能提升一下川菜的大众品位？

吃货的精神

前段时间，有人在微博上呼吁，所谓吃货达人请别再推崇地沟油苍蝇馆子给川人川菜丢脸！那情形真好像已是到忍无可忍的地步了。因为好长一段时间，不管是网上还是报纸上，大家都推荐苍蝇馆子，好像唯有这样才算是代表了成都饮食。

这当然并不是说苍蝇馆子不好，而是说，吃货所推荐的苍蝇馆子实在是包罗万象，什么样的都有。

至于吃货，这几年也颇为流行，好像是一块招牌，打着这个，就可以招摇过市。也有专门的书，干脆名字就叫"吃货"，而拜倒"吃货"旗下的不知有多少人，在微博上到处都是。

有段时间，我跟美食家许石林在网上讨论，现在的饮食之风实在是杂乱，好像在微博上写几句，就能成了美食家。很显然不是这回事。他说，应该是会吃会做又能写的才算是。

当然，拿这个标准来看，很多吃货可能是纷纷要落马。在通俗定义上，所谓的吃货，不过是会吃，特别爱吃的人，都算这当中的一员。可仅仅是爱吃、会吃，这标准实在是太过于模糊了，皆因每个人的口味不同。如何才算是吃货？我都觉得是一个问题。

有段时间，我在网上或网下接触过一些所谓的吃货，不过是吃喝之余，有几张唯美的或活色生香的照片，加上诸如"好吃"、"超赞"的评语，至于对美食的研究，很少谈到，开初也以为是一种机密，不太可能为外界揭秘而已。但这也有可能是因其根本不懂得那菜色当中的种种问题。吃货在乎的只不过是吃而已，缺乏口味生理学的体验，谈不上有多少专研的精神，更不要说熟悉各种食材间的搭配了。

我的朋友吴鸿也爱苍蝇馆子，现在吃了几百家，每次吃，都有所心得，再记录下来。那是对饮食的再回忆，内容虽也谈论饮食，却不像普通吃货那般的简单，而是将食材、经验融合在一起，将吃变成一种艺术。这才是标准吃货呢。

跟他聊天，总会发现苍蝇馆子的不同，这样传播川菜文化，远比简单的吃要

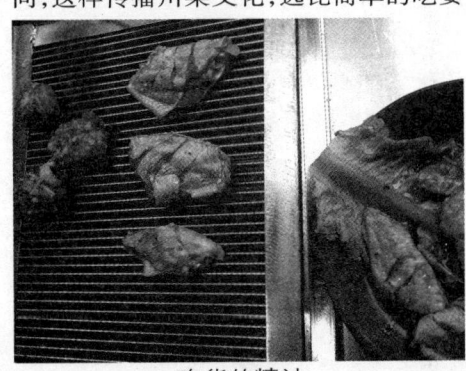

吃货的精神

好玩得多。我说他才是有资格的吃货,因为会吃,且有比较,每一家馆子都不同,需要味蕾去发现。但说实在的,时下的干锅、麻辣味对味蕾的破坏却是随处可见的。食材原初的味道被一锅烩,那失去的是美味,剩下的只有感官的刺激了。

对吃货你当然不能有太多的苛求。发现一家独特风味的馆子,吃到意想不到的美食,都是美不胜收的事。但如果因饮食经验的欠缺,而局限于对往事的回忆,追逐的是"妈妈的味道",都有可能让吃货这个名号打一个折扣。

吃货往往很能吃,但是他们更求精,他们是凡间的美食家。但与美食家不同,他们随性而来,慢慢品味,即使是街边小吃,他们也会品味厨师在料理当中的那一点点心意,给予厨师美好的赞美,认同别人,给人勇气,使生活充满了希冀。这当然是美好的愿望,就如同我们每次进出苍蝇馆子,总希望能吃到不一样的饮食。

但考察吃货的语境,真好像是我们生活在一个吃的时代。有一回跟朋友聊天,说起成都是美食之都,好像吃是最大的精神安慰,舍此无他。生活在成都,就徜徉在饮食的汪洋里,每一天都过得很幸福。但也不完全是那么一回事。生活里的七件事,在成都化解成具体的安排,不管是吃喝、还是生活,都有适宜的方式,或许才能称得上真正的生活家。

成都遍布了多少馆子,我没见过详细的统计资料。对于这样那样的推荐,也曾去吃过好多家,印象泛泛的多矣。这就像成都到处都有串串,但做的有文化有品质的却不是很多,这当然可以给出解释,街头饮食原本讲究的并不是那么多。但这也有例外,比如在大川巷有一家诸葛神签,以味道适中而著称,习惯了火锅味的串串,再来吃这个,真有一种小清新。

多元而丰富,由此带给吃货们更多的味觉体验,才是真正的苍蝇馆子吧。但就吃货而言,绝不是只看见某一类型的饮食,看不见整个饮食的森林。

吃货都很忙,忙于品尝各种各样的美食。但吃货得有所讲究,不是什么样的馆子都该进出的。食材的选择、餐馆的环境、就餐时的服务,诸如此类的事或许是选择苍蝇馆子的关键。吃货对这个没挑剔,故而只能说是贪吃的人而已。

吃货的精神绝不是爱吃、会吃就能简单定义的,更突出的则是内涵,是对饮食的普遍观察,有一套自己的饮食经。当然,吃货不太可能修炼成人见人爱的大家,但其对小趣味、小情调的追求,却是独特而又耐人寻味的。不仅如此,在对吃的探寻上,也更着重创意。但想想,做一个有资格的吃货,是需要把饮食中的快乐拿出来分享的,让生活多一份阳光,或许才是最为重要的。

川菜的误解

前几天，我在微博上发条消息说，旅美作家李麦逊说，在中国的几大菜系中，川菜应该是除粤菜外最应该被批评的。"多盐、多油、多麻辣，这些都可以说会对健康造成致命影响。""吃辣过多后，情绪上会比较兴奋，不会怎么理智地看待问题。像川渝、湖南等爱吃辣的地方，人性情都比较火爆也和这个有关。"这当然是毫无道理的论调，之所以贴出来，还是觉得这话题实在是有讨论的必要。

接着这个话题，朋友"子夜的昙"说，比如你前一阵一文中把干锅列为川菜代表评价，其实干锅出现不过十余年，发明者是诗人二毛。川菜精华绝不是辣，川菜中辣菜只占三成，普通人家家常菜并非无辣不欢，川菜主要特点是：麻。辣椒可无，花椒万不可少，连煮咸稀饭也必放花椒的。不过，谈论川菜这个话题实在是太大了些，更何况川菜的口味是变化的，并非是一成不变的。

对一个菜系有不同的见解，是无可厚非的，即便是同一个菜，也会存在见仁见智的理解。那么，从这个角度来看川菜，似乎也不难理解它的变迁史是一个口味的变迁。再者，所谓的经典川菜就在于它的与众不同，在经典之下，是否又可以存在着些微的改变呢？似乎也是应该的。这就涉及了菜的创新问题了。现在所谈论的经典川菜，大致是要回复到历史当中去啦。比如味之腴餐厅的东坡肘子和凉拌鸡块能成为主打菜，也绝非偶然，今天的餐馆怕是难以做到的。

虽未曾亲历民国时的川菜盛况，但从文献记载来看，跟今天相比也是大不相同。即便是今天所习见的一些经典，在那时也未必是经典。这道理很简单，今天的人跟民国时的是有着些许差异的，包括语言、习性都大不相同了，口味有所变迁也是在情理之中。这就像我们平时所谈论的老成都，老到哪一种程度才算是老？先秦还是唐宋？还是民国？这没个时间概念和空间区域的间隔，眉毛胡子一把抓，看似热闹，实则是距离讨论的主题隔得远了。

我曾在一篇文章里说过麻辣："有人曾做过统计，川菜中麻辣的不过占百分之二十五罢了。在宴席大菜上，麻辣就更不突出了。有人甚至把川菜的风格归纳为以清鲜为主，浓厚著称，麻辣见长，本味见功。"至于"麻婆豆腐作为川菜招牌，人人都知；口味清淡又营养丰富的鸡豆花、水煮白菜，也是经典川菜，恐怕就连很多四川人也不知道"。这种不知道当可以解读为大众并没有可能深究川菜历史的可能。这就如同吃货眼里的川菜一般，固然色彩多样，却也有可能不解川菜的种种是一样的道理。

说及我对川菜的了解和理解，也不过是近些年的事。到底算不算是对川菜的正解，也一时难以说得清。毕竟川菜里的种种，谈论好容易，说差总是不大好说出口。说白了，我们对川菜的了解越多，理解的才较为透彻，仅仅是浮光掠影的一瞥，只能得一个表象，那肯定距离川菜的精髓是远的。

这么想着，还真是觉得川菜这些年的推广看似气势汹汹，却与普通吃货没有多大关系，或许更需要普及川菜历史了。像美食作家石光华的《我的川菜生活》，真该推广开来，让更多的人书写自己的川菜史，或能更为有效地推广川菜文化。

对于大多数吃货来说，可能未必要了解川菜的历史，只要饮食够好就成。但这也可

川菜不只是麻辣

能造成对川菜的误解。由此想到，饮食文化的发展，对一个菜系来说，只要存在过的菜式，都是菜系中的一种，而所谓代表，当按时间来划分。也许这是源于对菜系理解的差异，对我而言，好吃的食物大都可以作为饮食的代表，至于其历史有多久远，那是可以探讨的问题。

慢食风景

村上春树在《无比芜杂的心绪》里说，所谓大事不妙，不管是工作上的还是生活上的，一般多是情有可原的"大事不妙"，并非无缘无故故弄玄虚。既不是悲观失望，也不是自虐式地抖擞自己的无力。只是积极地、不顾一切地感觉"大事不妙"。就连我，听了他的话也不得不说："可不是嘛。这还真是大事不妙呢。""对吧？不管是谁，都会觉得大事不妙呦。"他抱着胳膊说（抱胳膊的姿势很适合他），"那么，有啥办法没有？""呃，这个，一点办法也没有呀。"我回答。这大事不妙当然可以有诸多解释，但对一枚吃货来说，却是看着众多的美食，却没了食欲。

这种糟糕的是，在吃饭的过程中，吃得太快，总想着多吃一些，结果是一不小心，还没等饭局结束就已无法吃更多的东西了。这时候需要的是慢食。慢食是相对于快餐而言，现已发展成为了慢食运动。

前段时间，跟几个朋友去吃料理，遇见的几样吃物，都很有胃口，吃了再来一份，真好像是贪吃的猫一般。至于那食物有怎样的味道，事后回想起来，却只能用"好吃"来形容，具体细节是怎样，已是模糊。吃饭这事当然是悠着点好，但在大快朵颐时，总会忘记了饮食的节奏。

在古代的宴饮过程中，是有着许多规矩的，比如喝酒的程序，上菜的顺序，是乱不得的。可这一种风格在今天全被打乱了。在餐馆吃饭，是一个个菜端上来，先后顺序似乎都不重要。在家固然是把菜都摆上来，才开始吃饭，但这一个过程就简略多了。我猜，这也跟大家在吃喝之余学不会慢餐的原因了。

成都是一座慢城市，按道理说，吃饭也应该是有自己的节奏，以及上菜的速度，都是可以预期的。这种状况也时常被打破，上班下班的空隙，只好选择快餐了事。晚饭呢，似乎也没多少章法可言。说精致，也真没有那一份精致。这一点，跟成都的节奏是无法匹配的。

一餐饭因为人多吃一两个小时或更久，也是有可能的。但那时间更多的是花在了喝酒聊天上面了。前段时间，跟几个朋友去双元街的餐馆吃饭，菜也颇好，大家聊天的时间很充足，酒也喝得刚刚好。这才是让人羡慕的。要是三下五除二吃完饭，走人，那就单调得多，对主人家而言，或许是一种失礼的行为。

在学者们看来，美食学的核心乃是：食物应该是好的（buono, good）、干净的（pulito, clean）、公平的（giusto, fair）。从这三个关键词出发，我们或许可以发现食物背后所蕴含的意义，进而对我们的生活方式、人类的发展模式有一些更深的理解。这一种探讨固然有意义，但却有可能败坏了我们对饮食的胃口。

如果说食物的真、善、美是一个有机的整体，如何才能发现它们之间的关联？除却饮食的细节、对食材的审视，以及对饮食环境的洞察，无不构成了食物所具有的气场：通过慢食，我们才能发现它们的与众不同。

川菜里的菜品多讲究技法，即便是普通的饮食，缺了技术含量，也会沦为垃圾食物的。但随着川菜的进化，餐馆的勃兴，讲究技术的似乎越来越少见。所以，川菜看上去热闹，实则是有许多的贫乏，吃货们所贪图的"好吃"，似乎更多地是寻求味觉上的刺激。讲究饮食，到底是以原初的味道为根本。

由此我进一步想到，前段时间，很偶然地跟几位八九十岁的老成都喝茶聊美食，说起川菜说起小吃，都在感叹大不如从前。这说法当然是包含了对过去美好的忆念，亦有饮食在时代变迁当中的失落。

优雅的就餐环境

说起过去的老川菜馆如可园、荣乐园，并不贪图顾客的增多，反而会在菜的做法上多有钻研。不仅如此，连服务的细节，都十分注意。比如去餐馆订餐，店家会在订餐的间歇，煮一碗小面，吃得舒舒服服，且免费提供。去包子店，店家会送上蘸碟，无需你喊过来……此类事虽小，却是饮食当中的佳话，所以才会让人念念不忘。

在这样的环境里吃东西，当然是一种享受，会不自觉地把吃饭的速度降下来，好像那一个个菜式，都是艺术品，稍不留神就忽略掉了它的美。假若换一个乱糟糟的环境，食客大多会快刀斩乱麻，至于菜之个中滋味，就难以体察到了。

说白了，所谓吃饭问题的存在，其所寻求的不正是饮食的快乐之道？但这一种快乐所建立的是食材本身之上，还是在乎环境、吃饭的对象，似乎都值得考量。我有一位朋友平时忙在生意场上，长年累月地在外应酬，很少回家吃。当回家之后，就发现跟应酬不太一样的东西：跟家人在一起,吃饭的速度会慢下来,同时也可以闲聊,其乐融融,少了一种勾心斗角。他这样说时真有些无奈。"我真羡慕你,整天在家吃饭呢。"我说:"在家吃饭,每天周而复始地进行下去,也会有腻烦的时候。"而这多半是因吃饭的过程中需要的是情调,是波澜之后的不惊。这一种细微正是美食学上的分子研究的一部分——在物理学上,我们对食物的认知,确实是很少了。

如果说快餐的精神是大众的,慢食则是追求个性的。在我看来,不管是在怎样的餐馆,面对怎样的食材,都能以坦然的心情去吃,这才是吃货中的高手。

在慢食的路上,我们需要的不是外在的东西,而是内在的,具体来说,即是一种心情,能够平和地对待它,哪怕它微不足道,却已有让人觉得不俗的地方,一道食材从土地里生长,再至餐桌,其所经历的过程,是不是能激起我们对食物的想象?

成都饭馆

喜欢在家做饭的朋友，约人聚会，常常是家宴。而另一拨朋友，喜好美食，又疏于打理，自然是选择饭馆。成都的饭馆林林总总，到底有多少类别，可真是不大好说。但大致可以分为两类：

简约者，大多为苍蝇馆子。但也有出类拔萃的，这样的饭馆，以小清新取胜。我的朋友江树开一家小馆，名曰"诸葛神签"，颇有文艺范儿。文艺青年去吃串串，顺便算算卦，打打问，都是好玩的事。这样的饭馆在成都遇到的不是很多。

川菜馆还有一类是以装修豪华奢侈著称的，似乎只有在这样的环境里就餐，才能显示出身份，突出面子。装修上花费几百万上千万也是在坊间常常听到的事。这样的饭馆是脸面，适宜于商务，像我这样闲散地吃饭、喝酒的人在这样的环境里，真是有点不大自在。

不错。朋友聚会，吃什么倒真是在其次，更为重要的是能吃得开心。上一次，跟诗人陶春、油画家张毅小聚，在一家豪华的饭馆吃饭，硬是吃得不那么安逸。后来在九眼桥的河边坐起，喝起啤酒，就找到了感觉。

成都饭馆给人的印象是有差异的。虽然我对苍蝇馆子不排斥，也时常去吃，但也还是挑选适宜的饭馆才去的。这当然是在乎就餐的环境、氛围，以及由此组成的饭馆气场。说白了，所谓吃饭，不管是不是应酬，重要的是自己吃得好，能在平淡的饮食中吃出几番滋味来。

饭馆的好与歹，既是人气的映照，也是对菜品的追逐。为什么有的饭馆会排起队伍，而有的饭馆门可罗雀？这其中是大有学问的。九吃兄对饮食多有研究，他对成都饭馆的熟稔，是一般吃货所不能比的。就连我出来吃饭，也时不时求助于他。他对饭馆的讲究主要是对菜品的追求，怎样才是最地道的饮食，他一清二楚。真像是在饮食的小天堂里，吃得出万种风情。

但大多数自成吃货的人对饭馆似乎不是那么挑剔，更在乎的是好吃。但好吃一语实在包罗万象，菜好环境好还是细节独特，都是值得考量的问题。

作家魏风华说，时代是仓促的，而且已经如此浮躁。慰藉内心最好的方式，也许就是夜深人静时，读读那些凝固的烟云。这是一种消遣法。对吃货来说，更多的是聚在美食的周边，在吃喝间享受时光。成都饭馆大都适宜这样消遣，只是有时时间晚了，店家要关门了，才蓦然发现酒已喝了不少，人也是越来越少了。

夏天的时光，时间差不多是从晚上六点开始计算，早些年还混迹于饮食圈时，一群朋友喝五吆六地欢聚,从一家冷啖杯,转向烧烤摊,一晚上转三四个场地,好像才能尽兴。这冷啖杯或烧烤摊,算不上是饭馆的一种,却可见吃货的性情,是饮食江湖上不可或缺的一幕。

现在出来吃饭,大多是三五个老友相聚,喝点小酒,聊几句闲天,足矣。菜一定要做得地道一些,不管是乡村菜,还是江湖菜,都不太重要了。对朋友来说,重要的是在吃饭的间隙能毫无顾忌地吃喝、谈天。前几天,跟几位朋友在大石西路上吃江油古镇遗风烧肥肠。肥肠是主材,能做出不少花样。美食达人吴鸿曾撰文说,所经营的都是烧菜与蒸菜及拌菜,没有炒菜。做法单一,但菜品却不少。除了主打的烧肥肠、卤肥肠、蒸肥肠、拌肥肠系列,还有烧牛杂、牛肉与蒸排骨、蒸牛肉等三十多种菜品,什么干拌牛杂、肥肠豆汤,啧啧。

这一餐饭,喝了几两白酒,又来了啤酒,拌肥肠来了两份,花生米也是。几个人拉拉杂杂地闲天,酒是喝得舒服、自在。饭后,再去旁边的茶坊里坐坐,真是赛神仙的半天时光。

像这样的饭馆还真遇到过不少。倒是去高档饭馆的机会少了,本来不太喜好应酬,闲闲的聚会,才是真正的追求。这就像日常生活中的许多奢华和浮躁,都会一件一件地丢掉,在饭桌上才还原回一个人的性情。与其尴尬地敷衍,不如这般自在。

饭馆里总会遇见大声吆喝、喝酒的人。那是豪情的一部分,曾经我也喜欢,后来也就看淡了,毕竟是酒要一杯杯地喝下去,饭得一点点吃下去。如此才能明了一餐的意味:到底我们不是为了应酬才去赴一个饭局。太吵闹的饭馆是不太适合我这样的人安静地吃饭的。有时想想,饭馆为何不会像寺院里那样,在食堂里贴上一张启示:禁语。我猜,即便是贴上了,也会有很多人熟视无睹吧。又或者会扭头而去,不能自在地说话还能算饭馆吗?这样的疑问,终是不可解的。

偶尔看看韩剧,无论是酒店里,还是街头的饭馆,吃饭的人安静地吃饭,也会有交流,透着一种优雅。这样的

成都的饭馆喜欢扎堆

氛围,在我们这里似乎是不流行的,似乎声音说得足够大,才能显现出某一方面的资本来。但饭馆作为公共场所,我们对其认知尚且不够,放肆地大笑,则成了惯例。

这倒是别致的"传统"。有好几次,因为酒喝得实在太多,也就不免废话连篇起来,好像在饭馆吃饭,借着酒劲,许多话才能说得出来。这样的人也遇到过一些。过后呢,这些事怕是多半都想不起来了。这多半是在饭馆里,在酒精的催促作用下才会发生的事。有失言行的事,在年纪老大以后,才会觉得那是多么的无礼。

饭馆的精华当然在于提供精当的食材,人性化的服务,如此才会让人惦念不已。但这一种风景,似乎也被不断的饮食潮流所摧毁。好的饭馆就像是寻常人家,即便是寻常瓦舍,布衣耕种,也要树木丰茂,简净素然,花草四时。人的口味是易变的,但不管是重口味,还是小清新,只消心情好,就能吃出不同的感觉,则是无疑的。

我的深夜食堂

下饭馆似乎是很节约时间的事，但时常是三五好友相聚在一起，吃喝玩乐，两三个小时随便就消费掉了。回家的时候不免愤恨，假若把这时间用在更有意义的事上，是不是收获更大一些？在功利主义者看来，吃饭也就是那么一回事，是需要计算最大收益的。

我不太确定这样的饮食观是否跟快餐的流行有关。但这样的比较能让人在吃饭的间歇，获得更多的生活灵感，把创意之类的玩意儿也加入进来。但一个人吃饭，总觉得是不大美妙的事，这似乎跟喜欢热闹有关，可除了热闹、酒精之外，一餐饭更多的印象应该是吃饭时的种种故事。有好几次，我正儿八经地坐在餐馆里，期待能听到精彩的故事，但失望的次数太多，这事毕竟不是求来的。

与这个对照的事，最近不少美食作家开始讨论味道哲学之类的话题。简单而言，所谓饮食不过是求一碗热汤喝，对店家来说，这也是营生的手段而已，食物足够美味，顾客才会增加，舍弃了人对食物的贪恋，那就是很恐怖的事了吧。我看安倍夜郎的《深夜食堂》时，就生出了些许的感慨。

深夜回家，小区旁边的烧烤摊依然在开着，旁边坐着几个食客，喝着啤酒，闲话家常。那烧烤味实在是诱人，忍不住去吃一回，带着这样的心情坐下去，点几分食物，要一瓶啤酒，就好像继续在街头晃荡。

早些年，住在市区里，街边的烧烤摊、冷饮店不绝。刚好周围有好几个朋友住，就隔三差五的聚会，喝点小酒，吃烧烤，或一份蹄花汤，一份抄手，都美味十足。

成都的夜晚有多少饮食摊？我没有去计算过，差不多每个像样的小区旁边都有这样的小摊，吃食固然不多，刚刚好能填饱肚子而已。

"难怪是一头胖子。"好友如此揶揄道，"我晚上一般不吃啥东西的，所以身处才么好"。

呵呵，年纪都一大把了，还想着诱惑青春少女？都大叔级别了啊。我这样说时，当然知道他不是那么一种类型的人，酒后戏言而已。

但这样的场景总是在不同的场合里上演，就不太好玩了。前段时间，有位混在文艺圈的女青年，好像整天无所事事，跟一群老男人喝酒、聊天、宵夜。那就像是一种生活的点缀，只是在乎那一点美好罢。

这也是宵夜的谈资之一。深夜食堂里没有谈资似乎是很无趣的事，闷头吃东西或喝酒，都是不大适宜的。毕竟是夜深人静的时候，饥肠辘辘，边吃着小食边聊天，

夜晚的成都

倒也有快意江湖的感觉。热闹终归要逝去，留下的暗夜是一个人过的时候，也真幸好有街边食肆，才能让饥饿感稍稍平复一下。

早些年，我在报纸做校对时，深夜里，单位食堂总会来一份小食，抄手、水饺什么的都成，没有酒也无所谓，吃完饭继续上班。只有那段晨昏颠倒的日子，才会滋生出这样的饮食喜好吧。

但说小区旁边的小吃摊像食堂一样，总嫌有些夸张，何况那里的吃物也并不丰盛，虽有两三家，选择的余地却也还有限，因为吃的次数多了，才有了更多的依赖感。

嗯，再来一份抄手好了。有几多的夜晚，喝酒之后归家，走一段路，在小吃摊驻足，忍不住这样想，有时也未必是非吃那么一回不可（这种心理真是有些矛盾，所以美食家终究是孤独的)。

抄手浮在汤里,在灯光下,有一点意境。旁边几个男女喝酒聊天,好像要一直到天亮的意思。熬夜是熬不起了,所以就来一碗抄手,刚好满足那种些微的饿感(真是妙不可言,肚腹里又平添了些许诗意)。

老板倒是熟悉得不能再熟悉了,但也仅仅是这样。对于老板的隐私生活没有多少八卦的喜好,交谈无需太多,正像是食堂里的那般安静姿态,适宜于慢慢地进食。

抬头看见几颗星星,月亮倒不见了。唯有灯光照着路,坐在街边的感觉让人生出几许沧桑感,有些故事就是街道里流传着的。

吃完东西,再走回家去,此时会生出诸如美好、闲情之类的词语来,让夜晚的生活画个句号,亦像是告别一段生活的浪荡。

这就像一种生活程序,多一点少一点也无所谓。冬天的时候,回家的时间晚了,小吃摊都不见,只好回家煮一碗清汤面,也有些清香的味道。但夏天的时光,这样很显然是一种浪费。

老婆大人很奇怪,难道是出去吃饭没有吃好?我的理由是,即便吃的再好,晚上一两点钟归家总还是想吃一口东西才好。这并非是贪恋食物的丰美,只是在乎那么一点而已。这样的情怀有时真不知该如何解释才好。

这就像隐秘的个人私事,有时完全没道理可言。但作为食堂的小吃摊所提供的饮食不正是豆绿美人霁?我猜,在我的饮食观里,食堂所带来的岂止是一种幸福感,而是对食物的挑战——倘若少了它,那就有了缺憾。

有时,外地朋友来成都玩,晚上去吃宵夜,在红瓦寺的一家小吃店,抄手、啤酒依然是主场,他不免有些惊叹,真是想不到还有这样的场所。又走自新城市广场,因这有歌场、电影院,街边的小吃也有十多家,看上去真是有些壮观。这其实是在成都人的生活观中,缺了饮食就变得不伦不类吧。

说起来,很多夜归的人也并非是贪求食材如何,而是满足于那一份情感:有了垫底的食物,夜晚才变得美妙起来。跟诗人陶春宵夜,总不忘来几句激情澎湃的诗句,那可真是难得的一景。诗人像他这样性情的可真不多见。

要说我的深夜食堂,也大致如此。不奢华,家常中有独特的味道,这就像生活中的些许刻痕,雕刻、清晰,带着夜晚的气息,入梦,才会睡得安稳一些。胡兰成所说的岁月静好、现世安稳也就是这样一层意思了。

隐藏于市的苍蝇馆子

说到成都的饮食，不可不说苍蝇馆子，这类小店大多店面装修一般，食物是好吃又便宜。它们被称为苍蝇馆子迄今只有十余年的历史。细究起来，这类饮食看似简单，味道独特是其生存的要诀。

二〇一四年，统计资料显示，成都的好吃嘴花在吃上的钱很不少，餐饮业零售额二百五十点三亿元。有不少是贡献于苍蝇馆子了，这可真是吃货第一城。在前一年，"开往成都苍蝇馆子的小巴"一五四路公交车开通，十八个站点，每一站味道都不一样。这种创意旅行恐怕只有成都人才能想的到。

每年，成都的好吃嘴都会评选出年度苍蝇馆子，最初是十强，然后是二十强、五十强，甚至一百强，总的来说，是成都苍蝇馆子太多的缘故——倘若不增加数量，难免会有很大的遗珠之憾。不少苍蝇馆子都有段传奇故事，且不管其中的真假，都在好吃嘴间悄悄流传。但有的名气太大，食客太多，食物质量不免要打折扣，但这依然阻挡不住食客的到来。

美食家岱峻先生曾按照苍蝇馆子地图寻找成都味道，但也是喜忧参半。说成都的不少好吃嘴不过是盲从心理，大家都说好吃，于是去吃一盘，却未必符合自己的饮食习惯，自然会被淘汰出自己的饮食范围。但就饮食风格而言，各家苍蝇馆子又都有所长。于是，每个好吃嘴都有自己的苍蝇馆子地图，它们隐藏在城市的不同角落，如大石西路的古镇遗风肥肠，以拌肥肠、烧牛筋和蒸蛋出彩，曾跟朋友多次去吃过；又或者是西御河沿街的钟宇鸡杂，别有风味。这样的馆子虽小，却给人惊喜多多，所以才惹人喜爱。

在成都吃过多少家苍蝇馆子？我从来没有作过统计，但就区域分，东南西北的城区都有可靠的苍蝇馆子，像龙泉、双流、都江堰、温江和大邑都有好吃的苍蝇馆子。它们代表的是成都另一种饮食水准。

雨田烧菜、三哥田螺、康二姐串串、明婷饭店……这个名单可以列出很长，而且每年还会有所增加，一说起它们的特色，可能让人口水滴答，似乎一下子就可嗅到食物的香气。说到底，这还是美食的诱惑。假若是走在街巷里，大可随意选择街边的苍蝇馆子，也常有意外之喜，虽然偶尔也会担心这里的食品安全问题，但从其经营多年的角度看，倘若食材不能保证，也是难以持续经营下去的。所以，吃苍蝇馆子是大可放心的。

"走，今天再去吃苍蝇馆子。"刚吃罢火锅，似乎意犹未尽，美食家吴鸿推荐说。

"要得。"我们两个人沿着西安中路行

成都街头的苍蝇馆子

走,至四十五号停下。在一个小区的门口摆放着一个小摊,有卤菜有串串。摊名为李嬢兔头。里面摆着十多张桌子,已经座无虚席。点菜,老板忙乎着,菜弄好端上来,两只干碟,辣味十足。要啤酒两瓶,慢慢地喝酒。

此时,雨飘了下来,有些诗意。两人喝着啤酒,说着闲话,吃着小菜。点的兔头始终没有到。啤酒已各自喝了两瓶。

"要是十一二点来,人都满了,还要等位置,那才壮观。"吴鸿说。

那场景想象得到。成都的许多苍蝇馆子大致是这样的状态,排队,限量供应食物,或不预定位置等等,若是去晚一点可能就吃不上什么东西了。错过了,老板会很礼貌地说:"下次早点来吧。"这样的经历,大概每个好吃嘴都曾经遭遇过。

在苍蝇馆子会遇见各色人等,艺术

家、歌手、成功的企业家都有,仿佛一浮世绘,也有相忘于江湖的快乐。此外,不少外地朋友也喜好这一口,所以邀约着一起吃饭,一定选择去苍蝇馆子,越有特色越好,似乎这样才地道一些。你安排在酒店或高档菜馆,固然吃得不错,似乎少了苍蝇馆子的自在。

成都是一个平民城市,因此成都人喜爱苍蝇馆子超过了许多人的想象,几乎是骨子里的爱——在那里才能找到自我似的。最为关键的一点是,这些店家做出来的食物好吃不贵,这符合成都人的生活习惯。不过,这里也有所讲究,就是味道巴适才够好,而不仅仅是图个随便的缘故。在不少外地人的印象中,所谓的苍蝇馆子也就是麻辣味嘛,也没有清爽的菜式,岂知如抄手、老妈蹄花等等饮食,小清新,也很有个性。

似乎只有在成都才寻见这种饮食现象,在南京、苏州,这样的地方可能更讲究食物的特色,而成都对食物的独特见解尤为难得。一说到喜欢的食物,更让人觉得匪夷所思,一副"非吃一盘不可"的架势。所以,在成都人人都可能是美食家。资料统计,拥有全国最多的茶馆(九千二百六十四家)、KTV(两千三百四十四家)、串串香店(一千三百〇二家),成都的小吃快餐商户总数全国最多,其中数量最多的小吃店是经营"粉面馆"的小吃店,卖"卤味、凉拌菜"的小吃店紧随其后,富有成都特色的小吃"肥肠粉"排名第三。这种氛围,怕是不做个吃货都难。

倘若成都没有了苍蝇馆子,那饮食又将如何?我想,可能不会这么火爆。在苍蝇馆子里能够更自在地沟通与交流,有时这里虽喧闹了些,却可以拉近彼此之间的距离——这是另一种社交场所。

美酒成都堪送老

第三辑 街巷里

成都的芯有多大，成都的边界就有多大。一位城市史研究专家如此看待成都的边界。确实，成都边界的确立，离不开其核心的内容——它包容的人口是不是够多。

成都城市空间进化史

近年来，中国加快城市化进程，不少城市不顾城市的发展需求，盲目地规划，因此带来的后果是，将导致城市化面临巨大的生存危机，比如公共安全、基础设施等等，都将面临巨大的考验。但成都的城市发展史，却是稳步推进，在推进城乡一体化的同时，实现了城市的变迁。

也许这不是一个特例，但从成都的边界的变化，我们似乎可以看见成都的明天将呈现给我们一个怎样的景象。无疑，这不再是对城市变迁的简单梳理，而是对城市文化进化的反思。

小城时代　缓慢地扩张

"一年而所居成聚，二年成邑，三年成都"，成都由此得名，从一个小镇到一个大城，不过花了三年时间，并成为蜀国都城。尽管是大城，也仅有"呈长方形，较为规整"的记录，至于边界在何处，已不可考。这是成都的雏形。

张仪修城时，成都才有了自己的边界：成都城周长十二里，高七丈，东为太城，是郡守官舍区域；西为少城，是商业区，开店列铺，商业繁盛。大城和少城共一城墉，古人称为"层城"或"重城"。这一格局或显或晦地承续了两千多年，成为中国古代城市格局定式的一种类型。若从人口的发展变化来看，是很迅速的。为什么会出现这种状况，很大的可能是因为人们经历了流离失所的迁移，最终发现了这一块人间乐土。在西汉初年，成都已经发展成为多达五十万人口的西部第一城，仅次于长安，规模排行世界第二。

至于在唐宋时期，随着成都商业的不断发展，成都的内城边界也在不断扩大，华阳、新都等十县已经开始由成都支配和管理。公元八七九年，唐剑南西川节度使高骈为加强防卫，又筑"罗城"，其城周二十五里，高广各二丈六尺。成都城的四方边界第一次改用砖石建造。大慈寺也包入城中，东边发展到合江亭边，城内的大街坊达到一百二十个，"扬一益二"证明了成都在当时的经济发展地位。据考证，高骈修筑的罗城是自秦以来规模最大的城市，修城人员来自八州十县，丁夫约十万，费钱一百五十万贯，只用一百零五天就把城修好了，可见其人员调配得当，应用物资能及时到场，因此修城的速度才如此迅捷。

这以后，成都经历了多次城市的变迁，其边界相差也不是很大。在民国时期，把成都、华阳两县的城区部分合并为成都市，成、华两县只辖乡区，因此有种说法是，华阳和成都是"县过县"，华西坝都算作城外。民国二年（一九一三年），成都首次拥有了自己的公路。这一大的变革，改变了几千年来传统的"城中城"格局，新的边界也就出来了。

成都的边界变化，在以前总的来说，变化不是很大，其居住的环境和范围也是如此。从生活的侧面来看，人的生活方式与城市的变迁关系非常大。而成都之所以发展缓慢，究其原因是成都人遵循的是城市自然发展的理论："生活过于安逸，不太想着发展城市。"这犹如现代城市规划中所提出来的理论中某些哲学理念，比如"无"，这个"无"用日本建筑师黑川纪章的话来解释：它不是没有的意思，而是"好象不存在，但又存在"。

大城市时代　兼容区域性

一九四九年之后，成都迎来了新的发展机遇：其下属市辖区调整为八个。一九八三年五月，国务院决定，温江地区并入成都市，实行市辖县的体制。此时的成都市区一环路已经成熟，成都市区边界再次扩大，成为中国重点建设城市之一。

成都最为快速的发展，还是近几十年的事。成都作为大西南经济枢纽城市，随着府南河的改造、五路一桥的建设、西部物流中心的规划，城市商圈的衍变扩张，使成都的边界也日益扩大，每年差不多都有新的街道出现。二〇〇三年三环路全线正式通车，成都市区边界再次被扩大，而二〇〇六年绕城高速免费使用，名正言顺地以"四环路"来定义成都的新边界。

近年来，中国的城市不断推进着城市功能的增加、呼吁着城市人文的完善、追逐着城市趣味的飞扬、填充着城市表情使其日趋丰富，城市越来越庞大的同时，城市也在熙熙攘攘中被交通、被建筑、被消费、被我们很夸张地异化。是不是每个城市越来越大了，就能改变了一个城市的宜居环境呢？

显然不是的。成都在这个城市的进化与异化的大潮中也不能免俗，成都的边界在不断地变化，从锦江到一环路，再到二环路，直达三环路。这不仅是城市人口快速发展的结果，也是城市工业化进程及功能分工的必然结果。

尽管如此，成都的居住边界没有那么严格地区分：商业、居住、就业夹杂在一起。所谓宜居城市,不仅反映在城市的大小,而是有自己的城市文化,有繁荣的街道,公共空间有小区感……按成都人的说法,就是缩小城乡的差距,实现其一体化。

从城市空间形态定量分析研究来看,一个城市的发展是不是足够让人很舒服地居住下来,通过对城市空间扩展、城市空间梯度演化、功能空间演替等的定量分析,我们很容易得出结论:成都的边界之所以越来越大,就是在于其城市空间扩展的脉络清晰地再现了成都的区位、环境等优势的合理发展。

全域时代　超大城市

二〇一三年,成都市实施"一区两带"规划和主体功能区规划编制,着力提升成都工业化、信息化、城镇化、市场化和国际化水平,推动"全域成都"一点二四万平方公里现代化都市区建设。其构想为:形成一个中心城、十四个新城、三百零六个镇、约六百个中心村、约三千个聚居点的五级城市结构;轨道交通和高速公路将到达新城、快速路将到达各重点镇。

"全域成都"不仅是一次城市规划,更为重要的是对成都的未来发展空间的定位,而这将随着地铁、轻轨的开通得以落实。成都东、西、南、北四座新城:南部科技商务城、东部工业商务城、北部商贸物流城、西部健康休闲城自然应运而生,不再是核心城市的附属(在城市发展史上,卫星城承担了由市区延伸的部分功能,是核心城市的附属,因此其与核心城区的关系是一种"子父"关系),也不仅仅是分担核心城市的功能,而是一个完整的大都市地域单元中不可缺少的重要功能区。

在美国,由于超大城市的出现,亚市区、外市区、边陲城和沥青地面的无节制蔓延,很容易导致核心城市的衰败。评论家库斯勒将此形容为"什么都不是的地方的地理面貌"。这样的状况虽然在国内城市的发展中还没有出现过,但随着城市的推进,必然要面临私家车增多、社区废气排量、公共空间的场域感、公共交通系统的协调等问题。

成都的城市空间的扩展以前所未有的速度进行,在未来的第二条绕城高速中,资阳、简阳、广汉等地都将纳入进来,如果全域成都的发展格局以"摊大饼"的圈层发展模式来做,必然带来许多消极的影响,因此它采用了走廊形态,即南部新城定位于南部走廊和成新(津)走廊;东部新城定位于成龙(泉驿)走廊;北部新城定位于成青(白江)走廊;西部新城定位于成温邛走廊和成灌走廊之间。

成都市规划局建管处处长郭世伟认为："上风上水的郫县适宜居住，更有高新区西片区这一重要的外部资源，随着高新区西片区产业逐步走向成熟，成都现代工业港产业聚集度加强，郫县片区的区位优势日益明显，产业支撑力强劲。"至于其他城区的发展，也都有各自的发展形态。

随着城区的逐步扩大，住在龙泉、简阳，哪怕是在都江堰，奔到城区的时间也将大为缩短。这是交通带来的改变，还将带来居住的革命。如果以这个来划定成都的居住边界，我们不难发现，在四座新城的发展中都能界定未来的城市空间。

文化地标里的生活

美国著名作家迈哈迈特·奥兹在《身体使用手册》一书中说过:"有的城市即使年代久远依然能保持美丽和优雅(比如伦敦)。而有的城市并不太古老,却看起来破破烂烂,似乎需要进入城市 ICU,身体拥有自己的基因,每一座城市也都有自己的基因代码。"这个基因代码,即一个城市的文化地标。

流沙河先生在谈到成都文化时曾说,成都的文化标志有五个,即老少城、华西坝、草堂、武侯祠和春熙路。这从某些方面显示了成都的文化记忆厚度。

如果我们纵观成都近百年的历史,不难发现,其游乐、聚会的场地并没有太多的变化,武侯祠、草堂是是游乐的场所,少城事关文化活动,而春熙路则是商业场地,华西坝以人文荟萃为主,它们巧妙地构成了成都的不同记忆中心。其他如望江楼、青羊宫等地则以另外的形象出现。然而,并不是所有的文化地标都能够成为成都人心目中最爱的地方。

二〇一三年,以"唤醒记忆,承载历史"为主题的成都市文化地标建设项目启动,以点带面、按片区推进的形式打造成都市的文化地标,并完成两百至三百个文化地标点位。这其实是在向世人宣示成都历史文化的一部分。对成都人而言,可能对文化地标的理解并不是那么具象,那只是由一个个鲜活的故事串联起来的城市传奇。

据媒体报道说,成都评选文化地标有三个要素:第一,要有历史文化内涵;第二,这些点位最好要有历史建筑遗存;第三,这些点位都有一些容易传播的历史故事。不过,倘若以此来评判,一些历史文化地标会有"忽略"掉的可能,这种缺憾无助于城市文化记忆的恢复。

随着成都旧城改造,不少老街区消失,居住于此的人们外迁,因此,一代成都人的记忆被切割成许多碎片,回忆时虽也会被提起,却更多的是倾向于个人记忆。这种情况让文化地标只存在于"遗址"的状态,我们走进某一条街巷,可能知道某一位文化人在此居住生活过,但详细细节却早已消失掉了,无从打捞。且不说亲身经历的事,即便是刚刚发生的,也有逐渐消失的危险。

当然,这是不可避免的现象。文化地标相对于个人生活来说,更像是一个人的精神高度。有不少时间,我在不同的街区里行走,携带着袁庭栋先生的《成都街巷志》,踏访不同的历史遗迹与现场,像名人故居原本应该存在不少,只是不少人在成都居留一段岁月后离开,就没人注意、保存着这一份刻痕，如此就难以找到故居的记忆了。这就像这个时代转型的过程中，大多数人只是城市的过客一样，并没有留下更多的足迹让后来者回忆。

越来越少的名人故居

钧，容院长启兆，附属中学廖主任世承，来蓉负责主持一切。二十九日，谢校董霖函恳四川省政府刘主席湘给予补助。十二月七日，四川省政府会议决定，拨助本校迁建费五万元。三十日，租定成都新南门内王家坝街房屋为校址，开始修葺，并由谢校董霖垫开办费。

成都的谜就隐藏在诸多的文化地标当中，比如光华大学成都分校，我查到的相关记录如下：

一九三七年十一月二十三日，接张校长寿镛函告，校董会在上海议决，分设入川，加聘谢霖、邓汉祥、甘绩镛、缪秋杰、康宝志为校董，就近主持各事，并电请谢校董霖担任筹备主任，全权筹备一切。二十五日，成都分校筹备处在蓉成立，借正则会计事务所为筹备处地址，并请正则职员苏祖南、刘佑卿、王镜蓉、祝正因、林树湘、郭基荣、黄德清以义务办理其事，林郭黄三君，皆为上海本校之毕业校友。二十八日，谢校董霖，函张校长，请朱副校长言

但在今日王家坝街，哪里还能寻见这遗迹？即便是居住在这条街上，能够知道这事的人也是不多了。这只是个案，就文化地标而言，作为西南财经大学的前身的光华大学成都分部，在成都的发展始末，应该有个像样子的记录才算说得过去吧。

成都像这样的文化地标有多少个？大约两百个至三百个，如果汇集起来，那将是成都的一份文化地图，涵盖成都历史文化上的种种。对庶民而言，这种整理或许能够更多地找到认同感。此外，这涉及的

还有一个人在城市里的踪迹史,它是动态的,也更能反映一个时代文化的动态变迁。

巴金故居在正通顺街的西南剧场,新建的巴金文化博物馆于二〇一五年对外开放,博物馆建在正通顺街战旗文工团西侧,位于巴金故居原址附近,占地面积约十三点三亩,整体采用传统川西民居风貌造型建筑,将由巴金文化陈列馆、巴金文化艺术中心和巴金书院三大主体建筑构成。

像这样的文化地标还包括:坝上老华西、少城、红星路三十五号、怀德堂、懋德堂、钟塔、颐庐、李劼人故居、邮电局大楼、红楼、四川机械局碉楼、省经信委办公楼、南台路、宁村、进益助产校旧址、东西文化学社旧址、成都古城墙、驷马桥、王右木故居、巴金故居原址,以及金牛区黄忠祠墓旧址、金牛坝、九里堤、成华区建设路、将军碑遗址、天祥寺街等等。但也有一些地方因种种原因并没有出现在名单上。此外,除了这些老地方,是否随着新的城市建设,可以出现诸如书店、茶馆等场所成为新的文化地标呢?这也反映了城市的开放度有多大,是否能容纳出现新的文化地标的可能性。

文化地标的含义,在某种程度上昭示着一座城市文化的来龙去脉,在这一点上,从众多的零星记录中可以拼接出一个大致状况。诸如此类的故事在成都还有许多,这尚待有心人进行挖掘。

成都市文化地标名单

坝上老华西、少城记忆、红星路35号、李劼人故居、邮电局大楼、红楼、四川机器局碉堡、蜀王府与清代贡院旧址、东西文化学社旧址、巴金故居原址、王右木故居、成都古城墙、驷马桥、黄瓦街、商业街、支机石街、人民公园、金河故道、新华日报旧址、努力餐、鹤鸣茶社、祠堂街、将军衙门、抗战时期防空洞遗址、成都画院民居建筑、张大千故居、九里堤遗址、明蜀王墓群遗址、黄忠祠墓旧址、金牛坝、昭觉寺、将军碑遗址、国营新都机械厂(420厂)旧址、水井坊酒坊遗址、聚星学堂旧址、四川保路同志会旧址、文翁石室旧址、尊经书院旧址、石羊场、毛主席视察红光社纪念馆、三瓦窑。

摩诃池：唐朝成都中央公园

唐时的中央公园

二〇一四年五月二十四日，四川成都体育中心南侧的一处工地里，工人发掘出一段超过七米深的沟壑，沟壑两侧是散落的石块、砖块，还有用于堆砌城墙的红色方条石。据考证，这个沟壑在古代成都皇城坝中曾闻名一时，它就是始建于隋朝的人工湖——"摩诃池"。

摩诃池，成都这个曾经的中央公园再次引起世人的关注，这也不妨视作研究成都城市变迁史的一种可能，成都细微的变化或许即从摩诃池开始。

唐人卢求在《成都记》中记载："隋蜀王秀取土筑广此城，因为池。有胡僧见之曰'摩诃宫毗罗'。盖摩诃为大，宫毗罗为龙，谓此池广大有龙，因名摩诃池。"由此可知，摩诃池最早出现在隋朝。这是公元五八六年的事。

史料记载，摩诃池形成初期，杨秀在其上还建造了散花楼，用来游宴取乐，这是成都第一次出现散花楼，李白在诗中所写到的也是这个地方。

唐代，成都的城市水利得到全面发展，唐德宗贞元元年(七八五年)，节度使韦皋开解玉溪，并与摩诃池连通；唐宣宗大中七年(八五三年)，节度使白敏中开金水河(禁河)，自城西引流江水入城，汇入摩诃池，连接解玉溪，至城东汇入油子河(府河)。清李元《蜀水经》里记载，流江"又东为金水河，入成都县城，汇为摩诃池，又东酾为解玉溪，又东穿华阳县城而出，入油子河"，从而构筑了成都城市水利设施完整的河湖水系，为摩诃池注入了充足水源与盎然生机。

到了前后蜀，摩诃池就不再是众人都能够游玩的场所了。永平五年(九一五年)，前蜀皇帝王建修建新皇宫时，将摩诃池纳入宫苑，改名龙跃池。王衍继位后扩建皇宫，为龙跃池注入活水，改名为宣华池，环池修筑宫殿、亭台楼阁，其范围广达十里。蜀主孟昶的爱妃花蕊夫人在《宫词》中形容这里"长似江南好风景"、"水心楼殿盛蓬莱"。

五代到两宋，摩诃池的水源逐渐枯竭。明洪武十八年，蜀王朱椿将大半个摩诃池填平，于后蜀宫殿旧址修建蜀王府。发掘现场，还能够看到明末的一段"踏道"，经过这段两米宽的青砖路，就可以来到池边乘船。

摩诃池一直是游玩之地，闻名一时，引得众多文人骚客到此玩赏。明末清初，蜀王府毁于战乱，清康熙四年(一六六五年)，于蜀王府废墟上兴建贡院，西北隅仍残留少许水面。民国三年(一九一四年)才全部填平作为演武场。至此,历时一千三百余年,唐代诗人武元衡"爱水看花日日来"、南宋诗人陆游"一过一销魂"的"摩诃大池苑"消失殆尽,无迹可寻,为后人留下无尽惋惜和绵绵思恋。

诗词里的摩诃池

到了唐代中叶,摩诃池成为了成都著名的风景区,不管是文人雅士还是凡夫俗子,都爱到此游览。这以后,与摩诃池相关的诗词不断。诗人、政治家武元衡曾写有诗两首,一是《摩诃池送李侍御之凤翔》:

柳暗花明池上山,高楼歌酒换离颜。
他时欲寄相思字,何处黄云是陇间。

另一首诗,记录了当时在摩诃池游宴的场景,这样的风景在今天大约只能想象了:

摩诃池上春光早,爱水看花日日来。
秾李雪开歌扇掩,绿杨风动舞腰回。
芜台事往空留恨,金谷时危悟惜才。
昼短欲将清夜继,西园自有月裴回。

这里所写到的西园,即五代十国末期的著名园林。这是私家园林的上乘之作,园林史家谢伟认为,其"不仅整体布局显得紧凑又疏朗,建筑类型也丰富而不累赘,意境营造亦颇具匠心"。西园最精彩之处则是植物与建筑之间形成的和谐关系。

晚唐名将、诗人高骈曾写有《残春遣兴》,可以窥见当时的摩诃池的风景:

画舸轻桡柳色新,摩诃池上醉青春。
不辞不为青春醉,只恐莺花也怪人。

考察唐代诗人写摩诃池的有杜甫、李白、孟昶、薛涛、畅当等诗人,此后也有不少诗人在游览摩诃池之后写下了诗篇。到了宋代,成都人依然热爱到摩诃池游玩。诗人陆游曾写了一首《摩诃池》,记录了他的观察:

摩诃古池苑,一过一销魂。
春水生新涨,烟芜没旧痕。
年光走车毂,人事转萍根。
犹有宫梁燕,衔泥入水门。

摩诃池上的生活

唐朝时的成都是全国的大城市之一,人们生活舒适,摩诃池也是市民常常去游玩的地方,除了泛舟湖上,还可以吃饭。这说明成都人的娱乐一直是有历史基因的。摩诃池在不同的季节有不同的风貌,虽然随着时代的变迁,摩诃池的大小有所变化,但来此游玩的项目几乎是类似的。且看春天里的摩诃池,陆游有《水龙吟·春日游摩诃池》记之:

摩诃池上追游路,红绿参差春晚。韶光妍媚,海棠如醉,桃花欲暖。挑菜初闲,禁烟将近,一城丝管。看金鞍争道,香车飞盖,争先占、新亭馆。惆怅年华暗换。点销魂、雨收云散。镜查掩月,钗梁折凤,秦筝斜雁。身在天涯,乱山孤垒,危楼飞观。叹春来只有,杨花和恨,向东风满。

关于夏天的摩诃池也有记录。后蜀时期的摩诃池的人文景观更多了,"三面宫城尽夹墙,苑中池水白茫茫。直从狮子门前入,旋见亭台绕岸傍"。生活在这里无疑是美妙的,春天海棠开了,"绕岸结成红锦帐,暖枝低拂花楼船"。夏天荷花开了,"帘畔越盆盛净水,内人手里剖银瓜"。

史料记载,后主孟昶极怕热,为了驱走酷暑便在摩诃池上建筑水晶宫殿,为避暑之所。他与花蕊夫人等宫眷,便移入水晶宫内以避暑热。可以想见,孟昶与花蕊夫人便在摩诃池的水晶宫殿度过一个个只羡鸳鸯不羡仙的神仙美眷日子。北宋苏东坡在《洞仙歌》便以"冰肌玉骨,自清凉无汗"的词语来描述孟昶与花蕊夫人夏夜摩诃池上纳凉的情景。

龙骨水车

到了夏天,在炎热的天气里到摩诃池也有乐趣。陆游也曾来此避暑、纳凉,并写了首《夏日过摩诃池》:

乌帽翩翩白纻轻,
摩诃池上试闲行。
淙潺野水鸣空苑,
寂历斜阳下废城。
纵辔迎凉看马影,
袖鞭寻句听蝉声。
白头散吏元无事,
却为兴亡一怆情。

秋天里的摩诃池,杜甫在广德二年秋所写的《晚秋陪严郑公摩诃池泛舟得溪字》里,记录下当时在摩诃池的情景:

湍驶风醒酒,船回雾起堤。
高城秋自落,杂树晚相迷。
坐触鸳鸯起,巢倾翡翠低。
莫须惊白鹭,为伴宿青溪。

虽然存在了一千多年的摩诃池现在见不到了,但其遗址是否值得保留,也引起了专家学者的争论:是在原址修建工程巨大的遗址公园,还是改为民生工程停车场,这考验的是成都人对历史遗址的态度和智慧了。

散花楼记事

最初的散花楼

逛街到琴台路,常常会看到百花潭公园外面,西郊河入锦江河口,与遇仙桥紧临的地方,有一处楼名为散花楼。这是成都的古楼宇台榭中最有名的四大名楼之一。另外三个名楼分别是张仪楼、得贤楼、西楼。那么,散花楼最初是建在这里的吗?

历史上的散花楼是命运多舛的。史料记载,散花楼初建于隋朝初年,为成都城东门城楼,位于成都老东门处,相传该楼为天女散花处。不过,还有一种说法是,此楼建于著名皇家园林摩诃池畔,为蜀王杨秀所建,以供皇族游宴取乐。其位置大约在今天的人民中路附近。

至晚唐时期高骈筑罗城,曾在万里桥西重建散花楼,其规模是否如往昔,没有详细的记载。不过,这说明摩诃池畔的散花楼已毁,所以才有重建的可能。

南宋末年,元军入蜀,万里桥西的散花楼又毁于兵灾。这是第三次被毁。这与张仪楼的命运十分相似。明初重建成都城垣后,时人称东门为"迎晖门",城楼为散花楼。明《蜀中广记》记载:"东城楼即散花楼也。"不过,这座楼在明末被毁。

在晚清傅崇矩所著的《成都通览》里,有成都之古迹,却不见有散花楼的记录,想必是不可查考其原址的缘故吧。

今天所见到的散花楼是一九九三年新建的。楼共有四层,八角翘檐,红色花窗,秀丽挺拔。二层有转角平台,可登临眺望百花潭和锦江风光。楼门挂有黑底金字的匾额,上刻"散花楼"三个草书大字。底层和楼底周边设有茶铺,供游人休憩品茗。

诗歌里的散花楼

今天在窄巷子可以看见的一间小书店——散花书屋,它就是源于成都四大名楼之一的散花楼。这是一种文化传播,也在提示着未来生活的可能性。

散花楼作为一处名楼,自然是常常引起文人雅士的关注的,对此吟咏的诗人也不在少数。在唐代,它是与黄鹤楼、岳阳楼、滕王阁等楼阁齐名的名楼。

李白游览成都时,曾写一首诗叫《登锦城散花楼》:"日照锦城头,朝光散花楼。金窗夹绣户,珠箔悬银钩。飞梯绿云中,极目散我忧。暮雨向三峡,春江绕双流。今来一登望,如上九天游。"这首诗让散花楼广为人知。

《舆地纪胜》里说,"散花楼,隋开皇建,乃天女散花之处。"这说明李白所登的

今日散花楼

散花楼,应是皇城边上摩诃池畔的散花楼。

稍晚于李白的唐代诗人张祜有《散花楼诗》:"锦江城外锦城头,回望秦川上轸忧。正值血魂来梦里,杜鹃声在散花楼。"这以后亦有文人雅士以散花楼为题撰写诗词。

陆游在成都写诗多首,在一个晚上登此楼,写下了《晚登子城》,画尽成都之富庶。"江头作雪雪未成,北风吹云如有营。驱车出门何所诣,一放吾目登高城。城中繁雄十万户,朱门甲第何峥嵘。锦机玉工不知数,深夜穷巷闻吹笙……"纪晓岚登散花楼时也说成都"富贵悠闲,寝相沿习……民物殷阜,歌咏风流"。

二〇〇六年春天,成都女诗人王尔碑、周渝霞、蒋明英等人在散花楼下,结盟为散花楼女子诗社。散花楼下,一湾流水,一鸿鹭影。常常看见三五女子,几杯茶,一卷诗,一些欢声笑语……这便是我们这一群爱诗者。

她们常常在一起吟诗喝茶,再续散花楼的风流。

王尔碑曾写了一篇《散花楼》:

散花楼古雅。

散花楼寂寞。

远远看去,一个窈窕神秘的黑衣女子,凝情独立于锦江暮色中。她是谁?

终宵望月的是她吗?

紫箫吹不断的散花仙女也是她吗?

无人考证也好。免得雕塑得面目全非。

古今名楼何其多!其间名人题咏何其

多!独此楼寒素,无一字。据说李白曾为她写过一首诗,于今也如落叶飘零。

无一字也好。

跨过文字的陷阱,无字的散花楼,也许留给后人的想象是无尽的吧?

在散花楼喝茶

有几年的生活过得特别闲散,没事时,就跟朋友到处泡茶馆,偶尔斗下地主。这样的生活是从下午开始。有好些个下午是在散花楼里喝茶——这看上去多少有些附庸风雅。

楼上逼仄,一张桌子坐两个人都显得有些拥挤,好在喝茶也还相因。就泡在那里,喝茶,或聊天,聊的是什么,印象已无多,无非是写作、报纸之类的话题。偶尔还会约几个人,那就只好坐在楼下,喝茶,晒着太阳,斗下地主。这日子过得散漫,可能没多少诗意可言,但我们不管这些,只顾着玩耍。

晴好的时候,在此喝茶的人多一些,天气不太好,就没多少人有兴致坐在那里了。有一回,我记得是冬天,坐在楼上的角落里,冷风吹着,可不大好玩。聊天聊得尽兴,也就顾不了那么多。

常常在此喝茶的有青年作家杨不易、王不了等几位,偶尔王不了还带着女生过来喝茶,大家也是闲聊。杨不易曾在博客里写在宽窄巷子喝茶的经历,遭遇名人、围观等事,于是,"我们出现在散花楼的二楼,躲在走廊的一角,上上下下前前后后的人都看不见,而且有河有树有风有阳光,终于清清净净地聊了两个小时天。尤其是没有了一群'大名鼎鼎'的人物互相招呼,这让人不再心惊胆战"。

女诗人陈小蘩曾写过一首诗《从散花楼经过廊桥》,其中有诗句道:从散花楼经过廊桥,杨柳和芙蓉/拂面,南河水星星点点/留住曾经感动过的日子,从春天到现在/红中透白的芙蓉仿佛一段华年/深深地印在记忆的底处。曲曲折折的小路/你牵着我一路走来,朦胧的树影、人影、屋影/这一切将要逝去的时刻,很多熟悉的事物/瞬间变得珍贵。我竭力记住眼里的风景。我不记得我们坐在散花楼上对此是否有更详细的观察。

散花楼,如今叙述的是今日的风流,回望历史,或许我们能发现它带给成都人的不仅仅是一处楼宇,而是一种象征。

从少城公园到人民公园

有时去人民公园坐坐,但总觉得太吵闹了些。这人民公园是成都有史以来第一个公园,其原名为少城公园,始建于一九一一年。少城公园之由来,与旧成都的城池命名直接相关。早前,成都原有大城和少城之分,早在公元前三一一年秦惠王时,成都便有太城(又称大城)和少城(亦称小城)了。

关于少城公园的建设,资料记载:少城基地系清代在成都大城西南处另建的小城,作为"八旗"营地,专供满洲和蒙古人居住,这就是后来的"满城",少城公园由于当时地处少城范围而得名。宣统三年(一九一一年),驻防成都的将军玉昆,为解决因朝廷筹备立宪,废除旗米供给制度,使旗民生活日渐窘迫之困境,与四川省劝业道道台周善培于祠堂街兴建公园,开放少城(满城),唯许旗民于园内开业谋生,并收门票,任人游观。于是就将祠堂街关帝庙后侧的水田、荒地、正蓝旗前厅、马厩、仓房、柴薪库,以及将附近旗人居住的永顺、永清、永济三条胡同拆房迁户的空地,用半年时间栽花种树,修建迎禧楼、观稼楼、松韵楼、湖心亭等,面积达五十余亩。

因公园位于少城,成都人就约定俗成称之为"少城公园"。一九一二年,四川图书馆成立。馆址设于成都少城公园内,林思进担任首任馆长。一九二七年八月拨归成都市政公所管理。次年十月更名为成都市立图书馆。

说到书店,考察少城公园的历史,在民国时期,它一直是成都文化、政治活动的中心,在其旁边就是祠堂街,在上世纪三十年代和四十年代聚集着许多书店,又被称为"书店街",其中私营书店就多达八十一家。这些书店几乎荟萃了全国各地出版的所有书刊。

一九一三年,尹昌龄对公园进行了策划扩建。为了纪念辛亥革命前夕四川爱国志士发动的保路运动中的死难者,由张澜、颜楷等联名提议修造一座纪念碑。一九一三年至一九一四年,为了纪念保路运动中的死难烈士,民国川汉铁路总公司在园内修建"辛亥秋保路死事纪念碑"。仿照北京白云寺、山西凌云寺塔型,融中外文化于一炉,于当年四月开工兴建。纪念碑全用砖石结构,呈方锥形,高三十一点八六米,犹如一柄巨剑直指苍穹,庄严雄伟。碑座高约十米,有站台式的平台,台前雕嵌"中华民国二年川路总公司建"的汉白玉石版。碑体四方则用不同书体书写"辛亥秋保路死事纪念碑",每字约一米见方,皆出自名家之笔。灌县张夔阶的篆体,名

保路运动纪念碑

山吴之英的隶体，华阳颜楷的魏碑体，荣县赵熙的汉碑体。这个纪念碑经受了一九三三年迭溪大地震的考验和一九四一年日机的轰炸，未受损。

一九一四年扩建公园，拆除公园南边的永济仓库，又自通顺桥凿渠引金水河入园，绕鹤鸣茶社、荷花亭（今湖心岛）东流入半边桥。

一九二四年，杨森主理川政，邀著名实业家卢作孚到成都任教育厅长。卢在公园建通俗教育馆（后改为民众教育馆），其宗旨是："引导市民爱国心理，提高市民常识，启迪市民智识而涵养其灵性，以促进社会之文化。"馆分为博物、图书、体育、音乐、讲演、出版、游艺、事务八部。并从小南街引金河水经后荷花池、君平街，绕芙蓉清溪转北汇合于半边桥，凿渠之土均堆于东南隅成为假山。在公园西南隅建荷花池，池中种荷，荷池周围遍植桃、柳。园之东为餐馆和茶社区，有静宁、桃花源等饭馆，当时的"肝糕汤"、"鸡皮冬笋"、"豆腐鱼"……远近闻名，其味无穷。百年老茶社有鹤鸣、枕流、浓荫、绿荫阁、永聚、射德会等，各行业人士大都按照各自的职业和地位在某茶园内聚会。如枕流多为学生、绿荫阁多为士绅、永聚多为富商、射德会多为武术和体育界人士。鹤鸣系教师聚集之地，每年阴历六月、腊月假期中，各中小学教师在此等候聘书，各校名为"优礼延聘"，实则廉价选人，竞争相当激烈，成都市民戏称为"六腊战争"。

五四运动至抗日战争时期，少城公园更是成都各进步团体演讲、演出、聚会、募捐的首选之地。一九三八年在公园东（湖心岛）建抗日殉国将领王铭章纪念铜像一座（一九五二年拆除）。一九四〇年九月二十七日和一九四一年七月二十七日，少城公园先后两次遭受日本飞机轰炸，园内金石陈列馆、体育场、动物园、纪念碑等处都受到了损坏，死伤数千人。一九四六年，少城公园、成都市图书馆改为"中正公园"及"中正图书馆"，拨款维修，稍改旧观。一九四九年，胡宗南部在园内驻军，砍伐树木、拆毁门窗、烧毁存书，使公园又遭浩劫。由于以前的"少城公园"大都为教师、学生、文人墨客聚集之地，很多知名文人为公园赋诗作文等，今天看来，不难想象当时的风貌。

除此之外，人民公园的大门东侧是四川美术协会，西侧有家"庶几"小餐馆，而在其对面是民营飞越汽车公司，因营业亏损，不久歇业。在公园里还聚集了不少场馆，如一九二四年少城公园内修建四川省武术馆，正式成立四川省武术总会。在抗战史上，也多与少城公园有关的人、事。一九三一年十月十日，成都各界数万人在少城公园集会、游行，发表对日宣言，呼吁对日实行经济绝交，并要求川军出川抗战。一九三七年八月七日，四川各界抗敌后援会在成都少城公园广场召开有十万人参加的市民大会。大会议决：请中央发动全民抗战，收复失地，肃清汉奸。九月五日，四川省各界民众欢送出川抗日将士大会在成都少城公园内大光明电影院举行，刘湘及各军、师、旅长和各界代表千余人到会。大会由张澜致词，并向出征将士献旗。十天之后，四川抗敌

少城公园旧照

后援会组织各界民众在少城公园大光明电影院内，举行了欢送出川抗敌军人的大会，由此发展出了可歌可泣的川军大抗战。

一九五〇年，少城公园更名为人民公园。随后，公园里相继迁出大部分私营茶馆、饭店、澡堂、像馆等；拆除破旧房屋，疏淘入园金河；修建了露天舞场（一九九三年改建大都会广场）、鱼园、鸟园、盆景园、假山、亭台等处景点，大量植树绿化，并收购了两家私人花园加以扩充，至此，公园面积达一百八十三亩。

一九五二年十月，人民公园开放时，游人如潮，热闹非凡。据当时的《成都日报》载："成都解放十年，人民公园发生了巨大的变化，那葱茏茂密的楠木林把一个个建筑掩隐得恰到好处，曲折的金河水环绕全园。公园面积不算大，但景点多而精，当大地还掩盖在严霜下面时，梅林早已红霞一片，春天百花争艳，夏日红莲盛开，秋季桂花竞相开放，金河两岸遍开芙蓉……"

如今的人民公园依然是群众娱乐的场所，百年茶馆鹤鸣茶社还在。

宽窄巷子的风情

不少外地朋友来成都,似乎一定要逛一逛宽窄巷子。可在我的推荐游览目的地里,并没有宽窄巷子、锦里这样的地方。

不过,"宽窄巷子"是成都市三大历史文化保护区之一,由宽巷子、窄巷子和井巷子三条平行排列的城市老式街道及其间的四合院群落组成,于上世纪八十年代列入《成都历史文化名城保护规划》。二〇〇八年六月,为期三年的宽窄巷子改造工程全面竣工。修葺一新的宽窄巷子由四十五个清末民初风格的四合院落、兼具艺术与文化底蕴的花园洋楼、新建的宅院式精品酒店等各具特色的建筑群落组成。

这宽窄巷子,起源于康熙五十七年(一七一八年)。时准噶尔部窜扰西藏,朝廷派三千官兵平息叛乱后,选留千余兵丁永留成都,并修筑满城——即少城。清制规定森严,满蒙官兵一律不得擅离少城染指商务买卖,靠每年少城公园(今天的人民公园)春秋两季的比武大会,论成绩优异领取皇粮过日子。少城如今只剩下宽窄巷子还依稀找到旧影。

对居住在成都的人来说,可能更怀念此前的宽窄巷子的安静,记得曾坐在开膛破肚的街道上,坐在路边喝茶、喝酒的经历。与今天相比,真有哀悼的意味。我曾在一篇文章中谈到过宽巷子,那是二〇〇八年之前的场景:

> 宽巷子是成都惟一遗留下来的清朝古街道,现在要拆迁了,只剩下些老墙断垣,而这在不久也要消失了。再次去的时候,看见的都是平凡的脸孔——居住者,而恰恰就是这些平凡的居住者铺垫了宽巷子的底蕴,支撑起宽巷子的神韵。对于他们来说,要搬迁不仅仅是一次家的迁移,也是一次心的迁移。看着一间间房屋被画上大大的"拆"字,有的正在变成为现实,不知其心境如何的复杂了。
>
> 那天,近千人在这里流连,怀想在宽巷子喝茶、聊天的时光,可现在这都要不见了。不少人痛哭流涕,这场面是我所没有想到的。

时不时听到一些城市拆迁老街巷、老建筑的新闻,起初令人震惊,后来也就见怪不怪了。而我知道,城市建设常常是一阵风,一个模式,没有丝毫个性,这表明城市的设计规划者、管理者对这件事的无知,以及内心的贫乏。

这不禁让我想起了作家冯骥才从法国回来后,说了这样一段话,发人沉思。他说,巴黎真正的历史感是在城中随处可见的那一片片风光依旧的老街老屋之中。找一位这街上的老人聊一聊,也许他会告诉你毕加索曾经常和谁谁在这里见面;莫泊桑坐过哪一张椅子。巴黎那浩大而深厚的文化,正是沉淀在这一条条老街老巷里。在西安,古城墙至今仍矗立在这个现代化的都市里;幽幽青砖无言地诉说着过去曾经经历的风雨与历程,穿过城墙,静立时,仿佛便听得到当年铿锵刀枪声,还有阵阵马蹄响……而这些都跟宽巷子无关了。

城市商业化之后,复古建筑掩盖了这个老街区的面貌。如今,在宽窄巷子晃荡,不要说品味老成都的味道,以及慢生活,都是不大可能的事了。毕竟街上人来人往,看得见的是人,而不是风景。

有人将宽窄巷子予以定位:宽巷子是老成都的"闲生活",窄巷子是老成都的"慢生活",井巷子是成都人的"新生活"。这种定位是源于三条巷子的细节差异。在这巷子里走走,可能并不会感觉到太多的诗意,尽管这里有诗人李亚伟开设的"香积厨"、诗人翟永明的"白夜酒吧",也有家阳台读书会,不过后来改成了一间餐吧。

宽窄巷子代表的是已消逝的成都味道

在这里,偶尔也会撞见成都的文化名人、诗人,但仅仅是这样似乎还不够。

当然,喜爱宽窄巷子情调的人很多。那是与丽江、江南小镇不同的地方,灯红酒绿之间也还隐藏着张采芹故居。在其门楣上方悬挂着的"思贤庐"匾额,为著名书法家李树荣先生所写,这是当今宽窄巷子最大方最靓丽的一块金字招牌。大门左边有"张采芹故居"刻石,以及掩映在竹丛中的《张采芹故居赋》。张采芹(一九〇一年至一九八四年),原籍江津县,一九二五年从上海美术专科学校毕业后回川,曾任成都高师、成都师范大学、四川大学等大专院校美术系教授,曾创办四川女子美术学校,任教务长,一生致力于中国画的研习与传授。抗战时期,张采芹就像是一位江湖豪客,他作为当时四川美协的负责人,表现出惊人的豪爽热情,竭尽地主之谊。这样的经历在成都也是独有的。

宽巷子还有一处名叫"庐恺"的宅院。

据作家杨不易考证，民国年间有主人很新潮，把宅子取名为"恺庐"，而且是从左往右念。现在的主人那木尔羊角哈哈大笑，说："啥子恺庐哦，是庐恺。也不是什么民国人弄的，是我弄上去的，拿石灰糊的。还是从右往左念，还注了册的。"他说，庐，就是草屋，恺，就是快乐。呵呵，想想某些人为了打造历史文化搞出来的传说之类，在这里就映衬出来了。那木尔羊角是现在的房舍主人，说起故事，有不少是后来添加上来的。

在这个商业片区除了餐馆、酒吧、咖啡馆、酒店之外，还有两家书店：见山书局和散花书院，它们犹如宽窄巷子的肚脐，让这街巷少了几分世俗气，多了一丝文化味。每次从此路过，都忍不住走进去看一看，即便不买一册书，还会生出"成都到底还是文化名城"的感慨。

后来，杨健鹰在《宽思窄想》书里说，小巷是无法寻找的，小巷也是无法失去的。在千百年的城市历史中，小巷如同我们身上密布的最为细小的血管，将一个个家庭命运和人生故事，刻录在它的廊道，它的庭院，它的瓦檐，它的门窗，乃至于一块破砖一株枯草上，成为这座城市最为真实、最为动情的血脉基因。倘若选一个清晨，一个人在这宽窄巷子里漫步，或许能找回久违的味道吧。

华西坝上

华西坝，又称坝上。这里是一九一〇年美、英、加三国五个基督教会共同创办的华西协合大学所在地。这是中国西部第一所现代化意义上的大学，也是中国现代口腔医学的发源地，享有着"东亚第一"的美誉。校园占地近千亩（现校园只有原百分之十五），布局清晰宏伟，建筑中西合璧，风格独特。

晚清时候，成都就有传教士出现，除了传教之外，他们还开展社会服务如办教育、医院等等。比如天主教的光大巷天主堂建立于一七五六年，而基督教进入成都并修建位于正通顺街的内地会福音堂是在一八八一年。一八九五年五月，成都发生教案，各教堂也受到影响。一九〇〇年，义和团运动同样让各教堂受到重创。或许正是这样的环境，让传教士的传教思想有了改变，从此涉足教育领域。

一九〇五年，美、英、加在川的五个教会利用教案赔款，打算在成都建一座规模宏大的高等学府，选址就在华西坝。不过当时这里还没有华西坝这个地名，老成都有的叫这一带为乱坟场；也有人叫它南台寺，因为以前曾有座寺庙在此；还有人称这一带为中园，据说这里是古代名苑中园的旧地。五代时这里叫"梅苑"，是王建的蜀宫别苑。陆游也曾游此，曾记叙"成都城南，有蜀王旧苑，多梅花，百余年古木"。这里可谓早就享有盛名了。

经过数年的准备，一九一〇年，华西协合大学正式开办。学校开办之时，教会已在此购置了一百多亩土地。从此时起，锦江南岸这一大片土地，就被称做"华西坝"。到了一九三〇年，华西坝的规模在原有基础上又扩大了十倍。整个范围北起锦江南岸，南至今天的一环路南，占地一千余亩。

据成都文史专家考证，华西坝上出现的第一条街道应该是大学路。一九三八年，开辟新南门，随后修筑了一条由西向东通向新南门的道路，路的东段是南台寺旧址，故取名南台路；新路的西段因为从华西坝穿过，就命名为大学路。华西坝西南角原是华西协合中学所在地，后来这里形成了街道，人们便将它称为中学路。抗战时期，因金陵大学桑蚕系设于华西坝南端，旁边的街道也就因此得名金陵路。

华西协合大学成立之后，就设立了文、理、医牙三个学院。学校的组织管理按"协合"的原则，仿照牛津、剑桥大学的体制，实行"学舍制"。学校提出教学大纲，制定录取、考试标准，使集中化与个性化相结合。这个创造性的体制既解决了各教会提供资金、设备和相互的协调工作，也反

华西坝旧照

映了现代大学的特点,保证了学校在育才方面拥有独立的办学自主权。

此时的华西协合大学与四川大学比,虽然规模小,但聚集了大量名师,在专业上也有个性,很快名声鹊起。此外,这里是西洋文化传到中国西部的第一落点。对许许多多的老成都人来说,第一次看到电灯、留声机、自行车、照相机以及下洋操、打洋球这些新鲜玩意儿,就是在这个地方;许多人也是从这个地方知道了"外面的世界还很精彩"。

华西协合大学的建筑十分具有特色。二十世纪三十年代前后,在华西校园建成了四十多座楼群,其设计风格被当时的建筑师们视为样板,竞相效仿。大学校园的规划、设计者是一位洋人,他来自英国,名叫荣杜易。这位建筑师很有见地,他没有照搬西方建筑式样,而是结合中国文化的图像来勾画他的蓝图。华西坝的建筑在外观上大量使用中国传统建筑符号,而在其内在结构和功能上又保留了西方建筑的特色,正是这种中西合璧的设计思路,使荣杜易的规划方案在众多设计中脱颖而出,被校董事会选中。华西坝建筑群的布局与周围的道路、荷塘、操场、门坊构成了一个有机整体,相互呼应。

这里的老建筑与不少名人有着密切的关系。如怀德堂,抗战期间,美国副总统华莱士、印度国大党主席尼赫鲁、英国上院议员艾尔文爵士、冯玉祥、孔祥熙等曾到此。来此讲学的有冯友兰、林语堂、李约瑟、海明威、斯坦贝克、费德林等中外学者。

雅德堂,又被称为广益学舍。抗战时期,一批学界泰斗来此讲学,如钱穆、陈寅恪、吴宓、李方桂、萧公权、梁漱溟等。学者岱峻说,广益学舍附近,十几幢小洋房错落有致。住在这里的名人有神学教授芮陶庵,他后来在香港创办的崇基学院,成为香港中文大学前身,其子芮效俭在一九九〇年代曾为美国驻华大使;史学大师陈寅恪一家五口曾住在广益学舍后面一座二层小洋楼底楼。他在此度过一年多时光,写就了《长恨歌笺证》等十二篇宏文。

陈寅恪先生(后排右二)与家人、友人摄于抗战时期的成都华西坝

一九三七年抗日战争爆发,为保存中国高等教育命脉,战区大学纷纷内迁。山东齐鲁大学、南京金陵大学与金陵女子文理学院、北平燕京大学等,在无处安身的情况下,相继被华西坝所接纳,一时间这里人文荟萃,名扬四海。此时,华西坝与夏坝、沙坪坝构成了战时后方文化英才汇聚的"三坝"。

从此长达九年,华西坝上"五大学联合时期"开始,几所大学合作办学,各尽所长,稍后,又建立联合医院。由此,成都文化也染上了现代之风气,而华西坝联合办学也成为现代大学的典范。

其时,陈寅恪、钱穆、梁漱溟、朱光潜、顾颉刚、张东荪、吕叔湘、吴宓、冯友兰、董作宾、冯汉骥、傅葆琛、许寿裳、萧公权、孙伏园、庞石帚、缪钺……等大师云集在华西坝上。

此时的华西坝上,大型、小型的学术讲演会、讨论会、座谈会经常举行,名目繁多。主办单位有时是一个学校,有时是各校联合,有时又是由学校的某个系级举办,一般都是自由参加,不受学校或系级的限制。整个华西坝呈现出一派学术繁荣的景象。

抗战时期,华西协合大学还相继成立了一批研究所,如中国文化研究所,所长为闻宥,由哈佛燕京社提供资助;华西边疆研究所,由校长张凌高任所长,李安宅主持实际研究工作,由此诞生了华西学派人类学;经济研究所,由程英琪主持,出版杂志两种;教育研究所,由傅葆琛主持;历史研究部,由钱穆主持……这些学术研究所极大地提高了成都学人的水准,对未来成都的文化发展起到了推动作用。

燕京大学迁来成都之后,资料记载,其教授历来月薪以三百六十元为限,但对于陈寅恪等六位特约教授,特订四百五十元。超过代理校长等学校行政负责人的月薪。所以,此时在华西坝上的名教授能够有闲暇泡茶馆,过上相对闲适的生活。

随着抗战结束,各大学也相继迁走,华西坝又恢复了昔日的平静。一九四九年之后,华西协合大学不断地进行调整,二十世纪八十年代改成华西医科大学,二〇〇〇年并入四川大学……而华西坝今天还依然流传着它的故事。

科甲巷进行式

科甲巷是成都的一条老巷子。它位于春熙路附近,这条街有点短,但在成都却是最为显眼的,时尚的、怀旧的,都能在这里找到自己的归宿。

据周询《芙蓉话旧录》里的介绍:全城四门及附郭大小共五百多条街道,都只有二丈左右宽。科甲巷狭得更可怜,仅数尺宽。科甲巷得名,有史记载:明、清时各县举子赴省城应试者多住此街之旅店,文化氛围很浓厚的,因而得名科甲巷。辛亥革命之后,科举虽废,街名沿用至今。它长约三百一十五米。这里旧时为私人小花园及民房,二十世纪初改建为商场,模仿商业场,内部设有理发厅、浴室、缝纫铺、小吃馆。旧时,这条街就多蜀绣、雕刻、木制刀剑、脸壳、手杖等手工业店,非常繁华,尤其蜀绣,是与九龙巷齐名的,在成都特别红火。而今天的时尚使科甲巷又焕发了青春活力。

科甲巷的传说

科甲巷的传说着实不少,而最为著名的就是它与一件有名的历史事件联系在一起,即真假石达开。史学界中有一种流传的说法:太平天国领袖之一石达开,在大渡河被清军诱降,被捕之后押赴省城,关押在科甲巷臬台(又称按察司,主管全省刑法)衙门,即科甲巷内。

四川总督骆秉璋本想"献俘阙下",清廷却怕押解途中生变,命令"就地正法"。骆秉璋唯恐有人打劫法场,便在一个凄风苦雨的夜晚,在科甲巷将石达开父子秘密杀害。

不过,在民间却流传另外的消息,被杀的是假石达开,真石达开已从大渡河

石达开入川题壁石碑

边逃走，而且还高擎太平军战旗，同清兵打仗呢。

那么，怎么会有真假石达开呢？传说讲得来有鼻子有眼：石达开有个义女，人称四姑娘，长得聪明伶俐，掌管军机文书。到了结婚之年，她不挑英武盖世的将军，也不选辅佐天朝的文臣，却看中了一个职位很低的姓马的文书作郎君。马文书对天国忠贞不二，文才武略却很平常，合营上下议论纷纷。石达开对这门婚姻也很不满，四姑娘以哭相谏说："将来总会理解女儿的用意。"

婚后，四姑娘对马体贴入微，关怀备至。当西征大军被陷大渡河边，石达开决定到清营议兵的千钧一发时刻，四姑娘在后帐问马文书说："父王待你如何？"马说："父王和小姐待我恩重如山。"四姑娘又问："天军被困河边，救部队之事大，还是保全你我性命事大？"马文书说："能救全军和父王免难，我万死不辞。"四姑娘就讲了楚汉相争时，汉将纪信替刘邦诈降遇害，争得时间，让刘邦带领汉军从荥阳突围的故事。马文书慨然表示要学纪信，愿替石达开赴营议兵求和。就这样，相貌和石达开相似的马文书，被清军装进囚笼，押解到成都科甲巷。而真的石达开，却金蝉脱壳，混在乱军中远走高飞了。据说后来还有人专门来到科甲巷，边看边念叨着说："总有一天真石达开和四姑娘会带着

太平军进成都，来科甲巷祭奠为国捐躯的假石达开呢！"

从四川省文史馆所藏资料看，民间的传说似更为准确。当年西南战事刚平息，流散太平军甚多，赴省城道路崎岖，清廷怕途中生变，便密令就地处决石达开。而押赴省城者乃石达开之替死鬼，当市处决，以达到警示众民之意。民间爱戴石达开之人甚众，都不愿接受石达开取义之事，随即传播他已安全潜逃之说，此说法是毫无证据的。

当然，现在的人们不会记得当年的情景，只要有一个传说就行了。而现在的传说更是五花八门，不少时装店老板在这里经营了一段时间，一不小心就会变成富翁，或者某男遇见美女一见钟情等等。而各种传说杂并在一起，就使这条街富有更深层的文化底蕴。

流动的风景线

成都的春熙路，与北京的王府井、上海的南京路、南京的新街口、重庆的朝天门齐名。而它旁边的科甲巷在成都人眼中是繁华的代名词。正如有首竹枝词说的那样："府城隍庙卖灯市，科甲巷中灯若干。万烛照人笙管沸，当头明月有谁看。"其热闹情况可想而知了。据说，科甲巷肥肠是晚清有名的小吃，惜乎不传久矣。

在数十年前，科甲巷曾有许多店铺，专门经营儿童的过年玩具，品种繁多，可谓五花八门，琳琅满目，被戏称为"玩具一条街"。后来渐渐地有了卖服装的，可没过多少年，这就变成了时装的天下了。

曾经有很长一段时间，科甲巷推动着成都最新的时装潮流。因而，一些"洋盘"的朋友有时在对人讲起他购买的某件衣服时会有意无意地说"这是在科甲巷买的"，就是显示在这里买衣服才是有品位的。

不少人还记得，从上世纪八十年代到九十年代中期，这条很短的街就跟草市街齐名，是成都最新潮高档时装云集的地方。窄窄的街道两边肩挨肩全是一家一家的时装店，每家店门口都是两三层台阶，跨上去之后就别有一番洞天。那段时期，能在科甲巷消费的女士常常是城中最先富起来的一群，但也少不了来这里观光的游客。

老成都刘平记忆中那时的科甲巷是这样的：有许多女孩子在这里流连，看看这家店那家店，即便不买什么东东，也会花费不少的时间，更何况不少青年喜欢到这里来打望美女。周末更是人多得不得了，简直是没有插足的地步。每次逛街只好顺着人流走。而草市街服装店虽然也不少，但没有如此的热闹。

时尚而优雅

处于春熙商圈，科甲巷不想繁荣恐怕也是不行的。前后有近四十余家新潮服饰店、个性店在这条街上拥挤着，店租依然昂贵着，寸土寸金。如今，更多名店名品的进驻，让科甲巷的时尚感觉更是空前。

让位于市中心，连接着太平洋百货、王府井百货、伊藤洋华堂的这条小街，一直是成都的时尚制高地。满街流淌着的最为流行的色彩、总是衣衫时髦而神情怡然的女老板……流苏、刺绣、曼妙薄纱，窄窄的一条街，掩藏不住的风情万种和精妙绝伦……

诗人何小竹在一篇文章中说，春熙路、科甲巷和东大街一带是我常爱去的地方，我喜欢看那里的店铺和橱窗。我有时候会把葵花的字贴几个在某个橱窗上，不为什么，也没有特别的用意和理由。我猜想，他大概是为这里的诗意着迷的吧。

如今，这条小街，逢高举女权旗帜的春熙新馆开张，以及新一轮时尚小店的进驻，再次焕发夺人的光芒，彻底成为成都美眉锦衣美梦的时尚地标。

科甲巷上最具代表性的店铺很多，比如花之友、恩曼琳、瑞蝶，成都美眉最乐于光顾、不惜血拼的地方。店面很大，外观富丽堂皇，装修华丽，与欧洲品牌名店有几分相似。这里的服装一般是老板从香港、深圳等地进的。有很多是欧洲板型，也有一些仿意大利名牌款式的衣服，香港本地的货品也不少。艳丽的小衫、别致的外套、皮草、欧版长裤等，款式绝对摩登新潮，完全能找到时尚杂志中模特身上搭配单品的影子。再加上店内有着妙曼身材的漂亮店员，穿着本店的新款，本身就是最好的形象宣传，由不得你不动心。

这里有家最香艳的旗袍专业店。这个店只卖旗袍，旗袍上装、旗袍裙、旗袍外套，丝质的、缎面的、手绣的、镶边的，一件件滑过指尖，心中怦然而动，桃红、天蓝、乳白、金色、艳黄……满眼春色。如果你觉得不合身，还可以比着这里的面料和花色量身定做。店里除了旗袍，还摆设着与它相搭配的手工珠绣包、缎面绣花鞋、小钱包、手绘扇子等七七八八的香闺物件。有趣的是，它店门口的橱窗内摆着的不是一件香衣，而是一个古董门框和一对椅子，让人回味起旧时女人的花样时光。

成都女孩有个习惯，逛街逛累了，总得来点小零碎香香嘴巴，让劳累的逛街时光充分放松，这是别的城市所没有的。此时，走进一家名叫"优之良品"的店是再好不过的了。用"可爱"来形容散布着的零食一点不矫情。杯装果冻、牛肉、猪肉饼、水果蜜饯、进口巧克力、红豆烧饼、炒货……让人眼花缭乱。然而它们绝不像小卖部的东西那般潦潦草草，那是被精致地包裹，简单而又可爱。

成都人，在科甲巷依然能享受着花样年华般的日子。不但如此，从这里也可窥见成都的商业发展的脉络。

染房街的千年传奇

随着现代社会的发展,许多刻有传统生活方式印记的媒介已逐渐远离人们的视线,甚至正走向消亡。比如今天的染房街之所以出名是因为这里几乎都是内衣、毛巾、袜子、洗发水一类的,引得美女们爱在五百米长的街上流连忘返。不少外地人到成都看美女常常要到这里才能一睹风采。倘若说起历史来,这条成都市古老而狭窄的小街,还是挺有历史的。

这样的历史故事,在今天看来,也正说明成都街巷的变化与商业发展有着密切的关系。成都街市的出现在汉代,即西部少城内,有盐铁市官。汉代出土的画像砖中即有集市的图影,而染房街可以说是最早的一种。

唐时的风光

唐宣宗七年(八五四年),白敏中任成都尹时,开凿横贯全城的金河,汇于城东的府河。那时的成都,因为得了天府之国的地利,又因经济的繁荣,遂成为西南地区的经济、文化中心之一。高骈后来任川西节度使,开始修筑罗城,时人描述说,当太阳和月亮升起时,整座城市笼罩在一片眩目的霞光中,望之"莫不神骇而气耸,目眙而魂惊。"成都这个城市也得了更长足的拓展。

染房街起初是由于这里毗临金河,仅有一条石板路通行,因取水极易,一个姓唐的在此开设了一家染绸布的作坊,很快成为成都最大的染坊,不少人看到这种便利,就将染坊搬到这里,逐渐形成街市,因而命名为"染坊街"。当时的笔记记载了这时的盛况:河边是汲水的工人,而染坊皆是在院子的后面,也是一片繁忙的景象。不少外地人直接到这里买卖绸布,有的生意好的绸布刚刚染好,就有人预订了。

经过数年的发展,这里聚集着上百家染坊。但因为竞争激烈的缘故,这里时常也发生一些打架之类的事,逐渐演变成复杂的人群环境。后来,为了加强该区域的管理,政府不得不在这里设置了管理机构,以应对纷争及税赋等事。据有关资料记载,染房街的比重占了很大的一部分。

金河虽然占了如此重要的位置,但后来的政府疏于进行水利方面的管理,致使金河日渐淤积,染坊主多次向都尹力请疏通河道,以保证染坊的发展。因为时处唐末,兵乱不断,又涉及大量的费用,都尹见无多少利益可图,就不复多过问这事了。

后蜀时代的王衍是个花花公子,喜欢的是锦衣美食。据说,他在宫中依照成都平民区的建筑格局,修建起"村坊酒肆",

令宫妃们脱下绸缎彩衣，改穿青布衫。每间房子的门楣上都悬挂一块布帘子，有卖小吃的，有卖烧酒的，男女杂沓，交易取乐。整个过程颇似小孩子玩的"过家家"。为了装扮宫妃，他常常在染坊街买绸布，只要宫妃高兴，他可以为此一掷千金。但更多的时候拖欠染坊的工钱，弄得染坊主左右不是。后来不少染坊主开始转向、搬迁了。后蜀灭亡后，南北朝时代更是战事频仍，偏居一隅的成都自然也免不了受到影响。这条街渐渐地没落了。

宋朝时，全国百废待兴，成都也渐趋安定，不少染坊的后裔便想重操先人的事业。都尹就疏通了河道，染坊街又活了过来。

轮回的没落

细究中国商业社会之所以没有形成气候，大抵跟商业不受重视有关，这在染坊街表现得尤为明显，因而历经数百年，

染房街

还是以作坊来生产绸布，如此自然很难成长为一种阶级来，这也可视为商业之缩影了。

染坊街虽然破旧不堪，一到新的朝廷建立就会焕发出青春来。到明初，政府决心重建街坊，并将"坊"改为"房"字，定为染房街，沿袭至今。

明清繁盛时期，云集在染房街的手工业作坊达两百多家，成都四乡及外县商贩多来此采办货物。不管是士绅还是平民都以着染房街之衣而自豪。妇女们更是喜欢得不得了，和今天的世人竞相穿品牌衣饰相类。

明末，张献忠在成都大屠城，使成都的经济遭受重创，染房街也不例外。据记载，当时的金河上只余下三道石栏桥和其中一桥的两只大石狮。后来政府不得不采取湖广填四川的政策，成都才缓慢地恢复元气。染房街又有了一段繁荣期，与明初一样。走进每家染坊的后院，就看见绸布对折挂在高高的木架上，随风飘荡，人们

在中间游走，手抚新鲜的花样，嗅到的是淡淡的豆浆样的清香了。

然而，战乱再起，政府无暇顾及金河的整修，以至于金河水枯竭，江水不畅，染坊不得不陆续迁出城外，加之此时的机织布大量出现，城内仅留下江南馆街一家大染房，但不久也关了门。当然，"洋布"进入成都后，土布就成为了落伍的象征，染坊再也没有回到以前繁荣的机会了。

染房街的那些沿街小店，已变为卖手工加工的木纺锤、象棋、骨牌、麻将、刀把等小木器的铺子。《华阳县志》曾载："沿城染房街百余街，专攻骨角为业，制成纽扣、牙刷、骨牌之类数十种。"

日常的生活

染房街上的生活是悠闲自在的，正如民谚所说的那样："染房街无染坊，将帅对阵打麻将。"就是对这条街手工作坊特点的介绍。这种娱乐精神是别的城市所没有的，正如后来的一位作家所说的那样："生活在成都这样一座富有特色的城市，是一个人的福分"。

一位家住染房街的老太太怀着无限感慨回忆道，小时候，她与童年的玩伴在小小的庭院里玩"藏猫猫"；长大了又靠着这条小街做小买卖养家糊口；后来房子被日本人的飞机炸毁了，她又四处借债，重建家园。诸如此类的事在这条街上发生了多次。还有人记得，以前的染房街上住了许多洋人、侨民，没有一定资产的人是很难入住的。战事结束以后，洋人才退了出去。而金河也在这里消失了，连遗迹都无从找到。

一位染房街的老住民回忆说，小时，我家就住在中学学校边的一座四合院里。院子正中有一块有屋檐的空地和一个小天井。天井周围摆满了家家户户的花草。这儿是我们小孩子的乐园，我们在里面跳橡皮筋、打球、捉蚯蚓、看小蚂蚁……而到了晚上，还会看见几只萤火虫在闪闪发光。大人们也铺张凉席、摆一张躺椅来纳凉、谈天。关于《西游记》、《水浒传》的故事我最早就是在那时听大人们说的。

染房街给人印象最深刻还有小商贩车木头的"车车"：用脚一踩，就会带动刀具旋转，把木头车成各种形状。刀具旋转之时，白色的刨花就一卷一卷翻滚而起，煞是好看。一九五七年后，染房街上的小商贩就消失了，变成了住家户，直到上世纪八十年代。现在这里又是小商品一条街，尽管街道还是一样的狭长而窄小，却已不是当年的旧模样了。

闲话布后街

布后街,其名字来源颇早。那是因其位于布政使司署后面。布后街仅有一两百米长,就是这条街上,有着许多故事发生。布后街南面东头是布政使司衙门的照磨厅(八品),民国时改设志诚学院,抗战胜利后改名志诚商业高等专门学校。一九四九年之后,院系合并,校址归入成都三中。

街的西侧为大成中学大成殿及操场,街面仅一后门。上世纪七十年代,此处曾经开辟为成都三中校门。这中学的前身为"五老七贤"之一的徐子休创办的孔圣堂,其招收的学子,尊孔读经,以对抗"五四"新文化运动。后改名为大成中学。再西侧建有成都大戏院,上世纪四十年代,著名演员小桐凤(阳友鹤)演出《白蛇传》和《八宝公主》,唱做念打功底坚实,动作难度高,令观众叫绝。这些都是陈年旧事,如今走在这条街上,是找不到昔日的遗迹了。

布后街一号

陆榮曾在报刊撰文介绍布后街一号。他说这是自己的老家:"清末民初,祖父是成都一位有声望的中医。在巴金的小说《家》里,高家人有病,常常请一位罗敬亭大夫上门看脉。据说,这罗敬亭,就谐音我祖父的名字——陆景庭。布后街一号,便是祖父的医馆和住宅。"

这陆榮的名字也有来历,姓陆名榮字戟甫。这少见的"榮"和"戟"字,来自唐代王勃《滕王阁序》里的一句"榮戟遥临"。祖父引经据典地为儿孙取名,大概是希望我们这儒医门庭多些书香之气吧。我没见过祖父的面。陆榮的叔叔即陆仲鹤,资料介绍说"继承学业,亦为成都名医"。

陆景庭,字守文,原籍江苏吴县,在晚清随其父游幕而迁居成都。他之所以能开医馆,是因母亲体弱多病,故研岐黄以侍亲。光绪三十年(一九〇四年)乡试得中,被委派山西浑源等地为官,以丁母忧而返归蓉城。故旧以其知医,咸造求治,日久名噪,遂即悬壶业医,在十九世纪二十年代,陆氏以善治"温病"享誉蜀中,与沈绍九、顾场卿、王朴臣被誉为当时之"四大名医"。

陆榮回忆说:抗日战争爆发后,六岁的我随父母逃难回成都布后街一号。那时,祖父已经过世。大厅里,他留下诊病的桌案,一代传一代,已由二伯父陆仲鹤带着堂兄陆干甫诊脉处方了。上门求诊的病人依然很多,高门大户的达官贵人,远道而来的亲戚朋友,还有近处的街坊邻居。布后街一号的大厅上,从早到晚都回响着伯父口授堂兄开方、有如念诗般的声音:

玄参三钱、麦冬二钱、甘草多少、桔梗若干……听得久了，就连我也背得出一两个治疗小病的陆氏处方了。不过，我们背诵得更多的是当时学校的功课。

这家医馆，后来搬迁到他处，故事还依然在这里流传着。

布后街二号

布后街二号，也有许多故事可言。最初，这里是国民党元老、民革中央副主席熊克武的息庐。其东侧是孙家花园，据作家曲博介绍，前清道光进士、历官直隶按察使、四川布政使孙治（号琴泉），致仕后居住此间；儿子孙华热心公益教育，光绪年间在大慈寺内兴办学堂；孙子名培吉，字抱和，幼时在大慈寺内读书，后在锦江书院（四川大学前身）执教。直到上世纪五十年代，熊、孙两家院子成为四川省文联所在地，院内还有假山、荷池、回廊、小径，百年铁甲松迎宾，二百年古楠浓荫覆蔽，小桃红娇嫩可爱，珠兰、白玉兰清韵有致，桃、李、杏、梨、苹果、石榴、枇杷硕果鲜美。

在流沙河等人的回忆中，对在这里的生活多有真切回忆。而在成都的老一辈作家、艺术家眼里，它又是另外一种景象。作家龚静染曾说：这里"是四川的文人墨客们针锋暗藏的地方。当年，布后街同红星路相接，那时的红星路上梧桐成荫，为蓉城一大景观，有轨电车笔直地穿过时，常

布后街街景

荣乐园的内堂　林洪德绘

常会擦着那些漂亮的梧桐树叶子，或能引人浮想联翩"。

布后街二号的热闹，是因为这里有《星星》诗刊，诗歌的发达让这里成为"圣地"。不过，在八十年代之后，龚静染感叹说："布后街二号回复了它原有的平静，它又变成了一个普通的街道编号。如今在布后街二号里工作的，很多是我的朋友，他们多是文人，但我们在一起的时候，基本不谈文学了，而他们可能更为关心的还是房子、股票和人民币。我想，就算李白和杜甫呆在布后街二号，大概也只有徒叹命运之周折了。"

著有《街头文化》的学者王笛曾回忆说："特别是'文革'期间。记得当时父亲所在单位四川省文联的图书馆，藏书都乱堆在布后街二号大院的一间房子里，我、哥哥以及小伙伴们翻窗进去偷书读。"这样的经历在今天看来,也有特别的意味。

荣乐园的旧址

再说布后街二十号,即今天的星光宾馆所在的位置。这儿是改建的一楼一底的新式砖木结构建筑,那是极负盛名的荣乐园餐馆,烹制红烧熊掌、葱烧鹿筋、干烧鱼翅、酸辣海参、虫草鸭子、清汤鸽蛋燕菜等名菜,餐具也极为精美,口碑甚好。

这荣乐园的前身,名叫正兴园,由满州人关正兴开设于清代咸丰末年(一八六一年)。关正兴是满族,随官入川,见过一些大场面,能做"满汉全席"。随后蓝光鉴于清代光绪二十三年(一八九七年)进入正兴园,师从名师贵宝书。"正兴园"虽是外省人所开,菜系却是融合南北,包括江浙、北方以及四川菜系。蓝光鉴天资聪颖,还没出师已学得一手精湛的烹调手艺,更经二十多年的磨练,尽得正兴园真传。

一九一二年,蓝光鉴、蓝光荣、蓝光壁几兄弟同他们的师叔戚乐斋合伙创办了荣乐园,初设在湖广馆街兴龙庵,以"随堂配菜、送餐上门、包做宴席"为主。荣乐园一方面继承和发扬了正兴园的传统特色,另一方面又吸取了南北大菜的优点,以及成都诸家之长,从而形成自己的风格。

说起荣乐园,不得不说一段故事。一九一八年,荣乐园承办了四川督军熊克武的庆功祝寿大宴,宴开百余桌鱼翅席,由蓝光鉴任总调度,熊克武事后对人说:"我指挥一个大部队作战没问题,要我指挥这个场面就不行了。真是行行出状元啊!"川味正宗的荣乐园更加名噪蓉城。

荣乐园一九三三年迁至布后街,直至一九四〇年代末期。此时的荣乐园可办百桌宴席。民国二十三年(一九三四年),刘湘的一位师长办席,要荣乐园烹象鼻,由名厨师周映南烹制。客人吃后一致称赞荣乐园能做御厨的名菜,很了不起。

抗日战争期间,英军坦克司令韩可、美军飞虎队长陈纳德及美英法驻成都领事馆的外交官,多次光顾荣乐园。当时消费者是达官贵人、富商豪绅,一般公教人员,也只望门兴叹,不敢问津。一九四八年秋,荣乐园宣告破产歇业。二十多年后,荣乐园在成都重新开业,再续川菜中的经典。

茶店子旧事

法国意识流文学的先驱与大师马塞尔·普鲁斯特有一名言:"人的回忆会被气味、触觉、视觉瞬间击中,从而勾起连绵不绝的往事。"我对茶店子的记忆,也是大致这样。

我刚到成都时,是在一九九七年。成都变化还没有今天大,许多街巷逼仄,交通拥挤,还有不少地方被称之为城中村。当时,有朋友住在茶店子附近。周末骑着自行车去那里耍,可真是有些遥远。

当数年后,我居住在茶店子附近,我才对它的了解多一些。比如这里的茶铺、旧书店、饭馆,都多少有着个人的记忆。

往事并不如烟

《成都县志》记载,清同治十二年(一八七三年)成都有地名茶店子。刘盛陶先生考证,这里原属成都县辖,在同治以前,茶店子四野荒凉,为埋葬死人之地,只有清明节扫墓才有人来此。当时有一刘姓(有说吴姓)人家在此搭茅草棚数间,向扫墓人卖一个铜圆一碗的红白茶,且给扫墓人提供休息之地。最初,这里被称为"茶棚子"或"幺店子",后来改为"茶店子"。

这茶店子,是个概称,如今涵盖的是一个街区。更早以前,被称之为居民点,住的人少,连村庄都不是。就是这样一个地方,倘若往西延伸,就是成灌路。这条路是由军阀杨森在一九二五年修建的。这是四

茶店子街头文化标志

川最早的公路，从营门口立交桥开始，经过茶店子、土桥、犀浦、红光、郫筒、聚源镇到都江堰市(原灌县)青城大桥。要说这条路的历史，早在一九一三年的时候就有筹划修建公路的意向。显然，茶店子在成灌路上占据了重要的位置。

自从有了成灌路，来往的贩夫走卒便常在茶店子半边街的茶社喝茶歇脚。后来，这里名气就更大了，茶店子也越来越为人所知。

刘盛陶说，茶店子一带常有土匪出没，人们对土匪恨之入骨，常常与之拼杀，于是就养成爽义刚烈的性格，连娶来的女人也是如此。有个民谚就说："茶店子，半边街，娶个婆娘硬是歪。"

茶店子真正成为场镇，是在一九四〇年后的抗日战争时期。由于当时四川省政府及部分官员为躲避日寇飞机的轰炸，躲避到了茶店子叶家大院临时办公。人多房不够，不得已成都县政府扩修茶店子，使原半边街的茶店子有了店堂，形成三街四巷，稍像一个小场镇模样。

此时的茶店子有公交车进市区，抵达盐市口。其中的公共汽车分为两种：木炭燃料车四五辆、酒精燃料车一二辆，每日售票运行。

茶店子也曾有"子路场"之名。起因是时任成都县县长的陈诗，见茶店子使得政府和地方税收大增，觉得这地名已不适应了，便发出通告，改名为子路场。定下了首个赶场期。

在一九四一年五月初二的首个赶场日时，在请来庆贺开场的戏剧锣鼓声中，日寇飞机突至轰炸，把茶店子炸得墙倒壁塌，血肉横飞。百姓士绅怨恨之气一齐朝陈子路而发，皆说是因他改场名，乱定场期引来的灾祸，强烈要求恢复原"茶店子"的场名。不得已，陈诗宣布通告，恢复原"茶店子"之名。仅存一天的"子路场"便寿终正寝，茶店子名字因此得以保留。

茶店子的场期为二、五、八，每到逢场日，来往的客商都来这里交易。到上个世纪八十年代，才停止场期。随着城市的建设，如今的茶店子也成为成都城区的一部分了。

叶圣陶与茶店子

一九四二年八月，开明书店编译所成都办事处成立，叶圣陶为办事处主任，其夫人胡墨林为办事员，另聘金仲华、丰子恺、付彬然、宋云彬和贾祖璋为编译委员，协助约稿编稿。计划每年出版两三本新书，约三十万字，每年稿费以十万元为度。

一九三九年三月，全市机关、学校陆续疏散到西门外茶店子等郊外，开明书店编译所也搬到了这里。抗战时期，不少政府机构搬迁到茶店子，著名艺人贾树三的书场曾一度疏散到这里,其"粉丝"竟也随其动而动,从城内到城外一天跟他两场,可见其之引人入胜。

叶圣陶先生抗战时在成都住了八年,初期住在陕西街,后来又搬迁到其他地方。在《成都的树木》里说:"我在新西门外住过两年,又常常住茶店子,从田野间来回,几株中意的老树已成熟朋友,看着吟味着,消解了我独行的寂寞和疲劳。"后来,他写《成都近县视学日记》,在一九四〇年十一月二十一日的日记里记录:"出西门,晓雾弥空。前闻成都郊外时有抢劫,见此大雾,不免担心。在雾中行,寒甚,霜染衣履如细毛,眉尽沾湿。至茶店子,向王范群取所借书。"然后他经郫县、安德铺,不走成灌路,走崇宁,抵达都江堰。

在日记中,叶圣陶先生也曾多次提到茶店子,如一九四二年七月廿二日(星期三):"清早往茶店子,馆中诸人皆欢然来谈。"八月十日(星期一)记:"晨至茶店子。孙元璞君以'中等教育'校样嘱校对。他已校过一遍,而由余看后,满纸错误。馆中连杂志也无法出一本,真是可叹。"

十一月七日(星期六)记:"午后,刘百川、陈伯琴、朱朝珍三位偕来。刘现离教厅而入教育馆,任馆长室秘书及第一组主任。刘、陈二君约余每星期往茶店子一次,商谈馆事,只得漫应之。坐一时许,三人去。"十二月二十八日:"十一时离家至茶店子,适子杰及教厅诸科长在饭馆吃饭,即共坐。饭后吃茶。旋至馆中,与伯琴、泽芝谈。馆中同人邀余甚切,但余到后亦殊无可谈。五时归,此路久未径行,徒步往返,亦复有味。"三十日记:"十时许,至茶店子,参加教育馆同人之年终聚餐会。先开馆务会报,子杰邀余同坐。所谈皆平常,无甚意义。"

一九六一年四月二十八日日记中有云:"晨九时偕张、杨、马三位共出老西门,至茶店子。沿路景色,仿佛犹能记忆。余在茶店子作事,盖历一载有余也。"这一次是考察二十中的教学情况的。此后,在他的日记里就找不见茶店子的身影了。

作家周成林二〇〇三年在网上说:"十来年前在成都近郊茶店子一乡村茶铺,见一长髯老者口衔叶子烟杆,茶桌上摊开一本陈旧的英文厚书。大惊!"这或许跟抗战时遗留在茶店子的文化因子有关了。

消失的街巷

成都街道的历史可以追溯到《华阳国志·蜀志》，其中记载："成都现本治赤里街。"公元前三一〇年，张仪张若筑成都城，乃"徙置少城内"。而近年挖掘的金沙遗址又有了新的发现。金沙遗址内发现了一些大型房屋建筑基址、祭祀坑、墓地等文化遗存，基本保留了两千八百年至三千两百年前开明王朝时代就建起的成都城的心脏部分，看到了那时成都街道的原貌。大致可以判断成都的城市和街巷历史有三千年了。

今天的成都街道有多少条，据最新的统计数据显示，中心城区（五城区）已命名道路有三千八百零二条：大道八十三条、路一千九百三十六条、街一千二百六十条、巷四百八十一条、里和道等四十二条。这个数据远远超过了晚清时的《成都通览》记载，到清宣统三年（一九一一年）时全城已实有大小街巷五百一十六条，到民国二十四年（一九三五年），全城街巷已增至六百六十七条。当然，这些街巷较短较窄，较繁华的南大街、北大街、总府街、文庙街等，长不足一百五十米，只有六米左右宽，其余街巷更短更窄，如科甲巷，仅宽两三米。到了一九九二年《成都城区街名通览》出版时，成都街巷已有一千二百零五条。

成都街道的命名也是大有学问。成都民政局区划地名处认为，成都的街道命名分为三级：长三公里、宽四十米以上的主要干道称为"大道""大街"；"街"和"路"为二级街道，宽度在十米以上，四十米以下。宽度在十米以下的为最后一级，里和巷。此外，命名也有偏向性，如"街"更重视居住性和商业性，而"路"更重视交通性。

成都民俗专家袁庭栋曾说："过去一提到成都的文化符号，人们想到的就是武侯祠、杜甫草堂。它们的确能从一个方面记录反映成都的历史，但是作为一座千年古城，成都更多更精彩的故事，其实是发生在一条条街巷之中。"他又说："我研究过成都的每一条老街巷，发现其中有很多不为人知的有趣故事。例如，成都最早的机械厂建在拱背桥、最早的动物园在青羊正街、最早的照相馆在桂王桥。中国最早写现代诗的叶伯和曾住在指挥街；中国早期话剧奠基人之一，曾与李叔同创作中国话剧史上第一个剧本的曾孝谷曾住在小通巷；而当年西顺城街东侧安乐寺旁边的一条小巷，曾是琼瑶小时候居住的地方。"

随着城市建设的步伐加快，有不少街巷在逐渐消失。据《成都城区街名通览》记载，截止到一九九二年，就有一百零五条街巷消失掉了。这一时期消失的街巷主要集中在五六十年代和八十年代两个时期。它们消失的原因大致有：因道路修建、并入新的街巷，如位于人民南路附近的桥北街并入到南大街，或因修新路，原名取消，如建国北街因扩建红星路四段取消，也有因建房消失，如东丁字街的穿院街。

其中，滨江路在一九九二修建，直接导致了同兴下街、同兴上街、下河坝、建国西街消失。一九八八年，修建滨江东路，建国东街、建国东后街、青莲横街、大安横街消失。他如川主庙街、都司巷、水井巷、仓房街、半节巷等等，也都因这样那样的原因消失。

在上个世纪九十年代，成都逐渐进入新一轮的建设时期，路名也有较大的改变。成都大业路以前叫锦江路，锦兴路与新光华街连通，将烟袋巷拦腰断成两截，北端叫大业路，其支街叫粪草湖街，南接转轮藏街东口，北至卧龙桥街西口。一九九五年这里的住户统一搬迁后，随着大业大厦的修建，锦江路被正式命名为大业路。如今，粪草湖街消失了，锦江

旧时的商业场

街、烟袋巷也都不复存在。

这一时期的杀牛巷变身为通祠路。成都地方史专家姚锡伦考证，这一时期，成都实施畅通工程，在辟建东城根街南延线"文翁路"和新架"南河桥"（成都人多数把这座桥叫做彩虹桥）的同时，紧接着在南河桥至武侯祠大街之间又开通了一条宽

阔的通往武侯祠的大街，这就是后来命名的通祠路。杀牛巷北起倒桑树街粮食仓库，南抵武侯祠大街，长二百一十五米，宽五点三米，而通祠路是在原杀牛巷的基础上经拓宽改建后形成的。

类似这样的消失街道还有椒子街，出东门大桥左边第一条街，就是椒子街，它北邻均隆街，在城市改造中，两条狭窄的小街并成一条宽阔的大街，还修建了长长的文化墙。改造完成后就叫均隆街，而椒子街从地图上消失了。

在大慈寺路附近的不少街巷如玉成街、和尚街、笔帖式街、兴业里、章华里等，也都在城市建设中消失了。这些在二十世纪出现的街道，存在几近百年的历史，也逐渐因城市规划退出了历史舞台。

成都还有一些标志性建筑在城市改造中消失了。比如梁家巷，民俗学家、老成都袁庭栋说，梁家巷是从现在的北一环与解放路的交会处开始，到新繁方向农村的一条小巷子，一九五五年修建一环路及两侧建筑时，梁家巷就被拆除了。虽然梁家巷被拆除了，但是这个地名却被保留下来，并且沿用至今。梁家巷之前只是一条小巷的名字，如今却成了市民口中城北片区的统称。除了梁家巷外，成都盐市口、牛市口等地名也是老街被拆除，但仍然保留了原来的街道名。

跳伞塔也是有名无实的地方。直到上世纪七十年代末，跳伞塔被爆破拆除，一九八九年在原址上修建了现在的省体育馆。现在，一些老成都还是习惯称省体育馆这一带为跳伞塔，一些单位也还保留着当时的名称，比如成都银行跳伞塔支行、跳伞塔派出所、跳伞塔街道办。但旧迹已难寻觅。

除了跳伞塔之外，水碾河也是地标性建筑被拆除后，只留下地名的地方。水碾河位于成都市蜀都大道东风路二段与一环路东三、四段交会地带，以前这里的河沟上有一座水碾供附近村民打米、磨面用，后来水碾被拆除，地名却保留了下来。

最典型的地方大概是西门车站了。西门车站原来是成都进出西部的重要地方。一九二五年，成灌路正式"诞生"，这是四川最早的公路。这一年，成灌马路总局筹组成灌长途汽车运输公司，西门长途汽车站被作为老成灌路的配套车站而打造，次年就开始正式营业。直到二〇〇二年，西门车站外迁到西三环路外，西门车站一直在使用。后来，这个名字作为一个老地名得以保留。不过，还时不时有乘客到这里来乘车，闹了不少的误会。

城市的变化并不只是一味地生长，还是承载着一个地方的文化记忆。当街道、建筑发生了改变以后，记忆也会有所变更。但对大多数居住在城市里的人来说，留住记忆，就是留住一个老城市的根。

第四辑 文化志

很多时候,成都人给人的印象是包容,好像一切问题『不存在』,但有的时候却表现得有点小肚鸡肠。这几年,成都也频频提文化创意,但在我看来,多数是虚晃一枪。

杂志的死与生

报纸，以前一杯茶能看一天，现在基本上看不下去了，对地方政府的无限献媚，不管做什么事都是叫好一片，批评声音全不见，看多了太多的表扬，会有不真实的感觉。

杂志虽然在某种程度上不会像报纸这样不堪，但也好不到哪儿去。说起来这事，都有些羞愧，每次有外地朋友问，成都有啥好杂志，叫得出名字的还真不多。二〇〇七年，成都传媒集团有点豪赌的味道，成立专门的公司运营杂志这一块，并且一下子创刊八本杂志。那段时间，看上去形势大好一片，但却暗藏种种危机，在成都这个广告市场上几家杂志竞相厮杀。在运作上也有问题，比如《中国评论》、《中国调查》、《高尔夫时尚》，基本上是先天不足的，且不说是内容上存在着宣传部门的管制，就是做影响，也是有所欠缺的，毕竟在成都这个内陆城市，很难像广州媒体那般具有新思潮。那段时间，公司有一个口号是三年做一个上市公司来，似乎前景看好。过了一年，就显出来了危机，杂志做来做去，似乎都难以出彩难以让人眼前一亮，以至于陆续被逐渐淘汰出局。

说来，这还不是最荒诞的，最为大胆的是，从不娱乐的人做了本《超级粉丝》，不打高尔夫的人做的是《高尔夫时尚》，没有土生土长的成都人却做了本《成都客》……这看上去有些错位的做法追寻的是他视觉。我所在的《成都客》杂志，从一开始就定位成一本成都生活杂志，"成都人的生活新方法，中国人的生活新方向"，每期做的是活色生香，有方言有美食有成都生活方式，但一年以后杂志却选择了走城市营销的套路，自然就缺乏了温情的一面，不久就关门大吉，整个团队也跟着云散。如果将这些杂志的出现说成成都杂志界的"大跃进"，也是恰如其分。

成都杂志这么些年做得不温不火。这可能跟成都的文化氛围相关，一是成都的杂志圈子官化严重，比如《头等舱》、《读城》、《尚层》虽然一直在做，基本上是声称定位于高端读者，有效发行上万册，但时常在书报亭难得一见。这样的杂志大多采取的是每期主题跟政府合作，做不同的营销，自然广告有着落，但其文章的来源却颇为复杂，看着很宏大的话题，不过是空洞的语言，更何况是几个人写来写去，化用不同的名字，结果可读性下降。这样的杂志看多了，可真是有点腻烦的，"拜托，能可读一点不？"对我这样的杂志控来说，没有创意的杂志算不上是好杂志。

要说成都真的没好杂志，却也是一叶障目的说法，如《看历史》、《科幻世界》、

《四川烹饪》等做的照样是风生水起。但像这样的杂志太少，更多的是像《中国西部》，杂志经常换投资方，一块好好的品牌结果被浪费掉。像《热道》、《新城视》这样短命的杂志，做个一段时间就消失不见，也实属正常不过。而这正如我的朋友周世通所说，当下许多杂志都让一些杂人给搞砸了，一门心思诈钱，哪管文化品牌。所以，在成都见惯了杂志的生生死死，却没多少激情再去参与。在创刊时，每本杂志都豪气干云，想法多多，一旦运作起来，就很快偏离了主题，成了四不像。

在成都做杂志是最没成就感的。我曾在一篇微博中写道：对成都杂志界的判断，我觉得连民国初年都不如，小圈子，没文化，没营养。看多了这样的杂志，连人的智商都容易下降。这当然跟杂志的投资方有关，一些投资商总觉得做杂志能像《南方人物周刊》、《新周刊》那般能快速挣钱，一旦把杂志运作起来，两三期广告不如意，投资方就坐不住了，不是担心内容问题，而是觉得编辑团队有问题，这时换人是常事。有时投资方看不到更多的希望（每个月都在亏损），只能停掉。我有一位朋友，连着创刊两份杂志，担任总编辑，不到一年，改任一本杂志编辑，又过了几个月，调换到其他部门，只担任一个杂志副总编辑的职位，自然越做越气短。

有时，成都的杂志更像随个人的兴趣爱好，对一般读者来说，做好做歹都无所谓，如《时代女性》，"一本更贴近心灵的杂志"，很安静，很文气，做了好几期，服装化妆品的广告几乎没有，真让人担心这样的杂志会在某一天消失。每次去茶楼喝茶，总会去翻翻那些免费杂志，时常是失望，即便偶然遇到有意思的话题，也被做得不伦不类，以至于看了一期都会觉得有面目可憎之感。

不过，行业杂志更像是快速消费品，出个一期两期就消失实在是再正常不过，对投资方来说，总是想希望早点看到实惠。但杂志的成长岂是短期的行为，杂志的风格，读者群的培养无疑都是一个长期的过程，"短平快"的做法总是让杂志难以长期做下去。其实，每次创办新杂志，都觉得有许多创意可以发挥，但时常是一厢情愿，在换了好几家杂志之后，突然就没了兴致：刚改版了一期的《创意果实》很快被否定，还走回原来的老路上；旅游杂志《游一堂》组稿刚刚完成，就不做了……耗费了精力居然是这样的结果，实在是有点出人意料，又有点伤感。

这可能跟成都杂志缺乏气场相关，也可能跟做杂志的人本身就是作家、诗人相关，既然属于圈子里的人，自然要考虑周围朋友关系的平衡，但因此失掉了视野，他们看不到外界杂志的形态变化与发展，看不到新媒体的出现给杂志带来的影响，所以,做出来的杂志看上去更像是一种自娱自乐的方式(岂又能有太多的理想和追求)。杂志倘若缺乏了阅读的欲望,只能让人翻一下,不会阅读,那就等同于厕所读物,又谈何价值?固然,杂志能赢利,但到底能算一本有影响力的杂志吗?似乎不一定。对许多做杂志的人来说,做一份杂志并非是为了理想,而仅仅是谋生的一种方式罢了。

在商业和文化间游走,杂志的尴尬地位更为凸显一些。成都杂志虽然五花八门,却难以走向全国,甚至连四川都走不出。这让我想起在台湾有本杂志叫《小日子》,生活小记事,也有趣味。编者说:当愈来愈多人热衷过属于自己舒服的小日子,我们的社会就真的变成一个生活有风格的地方,这不但让我们活得更好更有意思,更会让我们更有创意更有文化爆发力。在日本,有杂志名为《散步达人》,其总编分析"散步热"时说:"习惯了海外游等东一阵西一阵旅游热的游客,开始把视线投向身边地区,这样的时期到来了吧。带着旅游的感觉漫步周边。能够流行起来,也许是不在于距离远近,而是享受发现街头好玩地方的乐趣吧。"这样小众的杂志,在成都基本上不会有人愿意去做,一是因为难以很快见到经济效益,二是难以快速树立起品牌。不仅如此,在投资方来看,这样的杂志怎么能大量吸引广告?这当然不像奢侈品杂志那样,也不像艺术杂志那般,所以才有众多杂志快速创刊,很快死去。

看多了成都杂志的变迁,也就觉得一本杂志的生死其实早就已注定,你再努力,想改变它的命运,可能都是徒劳的。既然一本杂志不能够在内容、商业、营销上做到三位一体,不如不参与。在遇到有新杂志创刊,邀请加盟时总会有如此的想法,与其把生命浪费在这无意义的事情上,不如多一点时间去做自己喜欢做的事,这样会开心许多。再者,做杂志不正是

读城杂志

享受做杂志的那个过程嘛。这颇有点洁身自好的做法,总让一些杂志人无法接受,在他们的眼里,一本杂志的运作是有着自己的逻辑的,"要做就做成都的《新周刊》",这样的说辞总让我一笑而罢。

对一个杂志控来说,做有意思的杂志,不仅是有趣味性,还能兼顾种种生活方式的记录,其本身所构成的空间是丰富的,而不是浮泛的。但在更多的时候这只能想象,更何况在大家都在商业中奔跑时,你做一本这样的杂志很容易被人当成另类。所以,在成都这个上千万人口的城市缺乏可读的杂志也就是可以理解的了。即便如此,我还是愿意相信,在未来或许会有可读的杂志出现,会让人耳目一新,但那是什么时候,却是一个不可知的未知数。

第四辑 文化志

在成都,阅读书店

为什么爱逛书店？在爱书人的眼里,可能有着五花八门的答案,但在成都,逛书店也好,阅读也罢,其实是在慢生活中追求慢阅读,浮躁、诱惑,挡不住成都人对阅读的向往。

有人说,成都是中国人的书房,我理解那是因为成都有阅读的氛围,像书房一样,能滋润我们的心灵。

淘书、交流、分享是成都爱书人的最普遍的生活方式,除了逛书店之外,还有形形色色的读书沙龙支撑着这个城市的人文氛围。比如周二,由流沙河先生主导的茶馆茶会,由酒吧做的诗歌活动,水吧、茶馆、咖啡馆的小型艺术展……诸如此类的活动在悄然推荐不同的读物,在这里,汲取阅读上的营养,也可以开阔视野。

成都人的爱书,不仅仅体现在这些活动中,也还体现在藏书上。我的朋友徐晓亮,藏书藏签名本;读书,是他工作之余的最大乐趣。朋友戴光伟爱书开起了书吧,崔永元来到这里发现大量的黑胶,惊喜。青年作家杨不易读书了得,他把许多小说技法化成自己的手法,写出一流的小说。这是在阅读中成长,也是在阅读中享受。

基于这样的理由,不少学者、作家爱往成都跑——也许是知音效应,好像他们所钻研的那些学问只有成都人才懂得似的,如景凯旋、张承志等等都常常在成都逗留。这其实是成都人能够充分尊重不同人的学术研究,也会在讲座中加以探讨,从而形成一个开放的阅读氛围。理解、开放是成都的文化特质,虽然它是个内陆城市,在潮流上可能占不了多少优势,却因此能在阅读上深耕细作,发现阅读世界的宽广。

成都书店的变迁,从上个世纪七八十年代的新华书店一统书店江湖,到九十年代的民营书店林立,

见山书局

再到独立书店的诞生,其间的经历既有对新知的渴求,也有对未来社会的期许。从卡夫卡书店到三一书店,再到弘文书局,书店一直做得红红火火。旧书市场是全国三大市场之一。那时的书店大大小小都聚集了各色读书人,书的价格也极为相宜,因之能淘到不少好书。

但随着网络书店的影响,实体书店或转型(如三一书店)或关闭(弘文书局、印象大书坊)。出现这种状况,除了网络书店的冲击外,还包括书店的自身经营理念与策略问题。以此来观察成都书店的变化,或许就能明白书店的经营与其他商业相类似,唯有为顾客着想,多元经营方式,才能使书店不至于倒闭。

不过,成都还有一个现象是,外地书店进入成都,大都以失败告终,如北京的席殊书屋、上海的明君书店、重庆的精典书城,无不如此,而昆明的新知图书城、贵阳的西西弗书店、广州的方所书店、新加坡 page one 书店却又能立足成都,比较而言,是他们在文化气质和对读者的阅读把握上更与成都相契合。书店之于读者,只有对胃口,能让人流连其间,才会有未来。

今天的书店格局变化也极大,在上百家书店中,民营(独立)书店虽占绝大多数,但从经济效益上看,却不如新华文轩的收益高(政策倾斜的原因)。但即便如此,今日阅读书店、西西弗书店、散花书屋、象形书坊等,跟以往的书店比,可能在规模上小一些,但经营得更为灵活,从而拓展了成都的阅读风景。

催生成都书店的变化,还有一个因素是成都诗人众多,如柏桦、翟永明、凸凹、钟鸣、向以鲜、龙双丰等等,在国内外享有很高的知名度;如早期的幸福剧团,今天的《人行道》《芙蓉锦江》《或许诗刊》等诗歌组织,常常举行众多的诗歌活动,这也在无形中推动了成都书店的变革。外地诗人到成都的芳邻旧813酒吧,老板会很豪气地送上半打啤酒,这是诗意的温暖。在白夜酒吧,诗人啸聚在一起,犹如巨大的江湖一般。成都诗人不仅仅写诗,还写散文写小说写剧本,他们也是爱读书的一群人,因之,才能持续活跃着成都文化。

我曾跟朋友说,成都的书店总体上看不见减少,是因为有市场在。确实,倘若习惯于书店消费的群体流失得特别多,书店经营每况愈下,相信书店关门是迟早的事。成都书店却是逆势飞扬,新华文轩旗下的小书店品牌轩客会书店相继开店五六家,且每家书店或艺术或生活或绘本,打造一个书店集群。今日阅读书店在近十年的时间里,从社区书店做起,不断在附近省区攻城掠地。虽然这其间也有失败的案例,如进入重庆、昆明,又相继退出。而在西安、北京开店,却势头不减。西西弗书店进入成都,连续开了六七家店,也是不

成都本土著名书店言几又&今日阅读大悦城店

可小觑。散花书屋小巧,与成都地气相接。象形书坊这家最美的小书店,这几年连换好几个场地,品格不见降低,显示的是店主对书店的爱。

这大概也是未来城市书店的分界线,大书店以文化活动、咖啡馆、创意带动书店发展,而小书店继续为社区服务,看似杂货店一般,却同样能做得风生水起。做书店,不仅有对书店的深爱情感,还有对阅读的理解,这样做书店,也就做出了人情味。如果说,从前的书店是靠店主的个人魅力单打独斗的话,如今的大型(连锁)书店则有资本的介入,让书店活得更有底气一些。

爱书人在这样的书店里游走、闲逛,也跟以往的逛书店有了不同的氛围:逼仄的店面、图书凌乱地陈列,在今天的书店中较少看到,代之以舒服的桌椅,是书店咖啡馆的特征。怎样吸引读者的关注、光临,竞争中又各使绝招,你请文化名人讲座,我请旅行达人来一场说走就走的旅行,凡此等等,都各自展示出了书店的风格。本地的文化名人如袁庭栋、吴鸿、冉云飞、宋石男等等,也就因跟演讲嘉宾这样那样的关系,在各书店中串场,活跃了书店文化,也带动了书店人气。

泡茶馆、打麻将、斗地主也是成都人的生活方式之一。这与阅读并没有高下之分,但成都人知道,阅读是对生活的调剂。捏几下手机,上一下网,虽然同样能达到收获资讯的功效,若是探讨学问,那还是真得靠阅读了。这一层认识是成都人还依然保持逛书店、纸阅读的因由所在。

博物馆之城

当我看到新闻报道说，截至二〇一三年底，成都已有经过批准、按照标准设立的各类博物馆一百零九座，在国内城市中居于前列，其中民办博物馆六十七座，在全国省会城市中位居第一，觉得有些诧异，第一反应是成都真有这么多博物馆吗？随后就在网上检索博物馆的信息。确实是，成都有那么多博物馆。

众多的博物馆当中，大致可分为公共博物馆、私人博物馆。从经营的角度考虑，又可分为收费博物馆、免费博物馆。不过，在博物馆的功能上，两者没有太大的差异。成都博物馆总体数量多，既有专业博物馆，也有综合博物馆。倘若能够走进这一座座博物馆，可以对成都历史、人文、社会有清晰的认知。

四川省博物院位于浣花溪畔，建筑恢弘。博物院现有馆藏文物二十六万余件，位居全国前列。其中最具特色的是巴蜀青铜器、张大千绘画作品、四川汉代画像砖和陶塑、书画、佛教造像、少数民族文物、民俗文物、近现代革命文物等，皆有极高的历史价值和艺术价值。这里除了常规的展览之外，还时常进行不同的专题展览。

成都市博物馆历经数次搬迁，给大众所展示的机会近年并不太多。随着位于天府广场旁边的新馆亮相，大众能看到更多的展览。成都博物馆在大慈寺时，共收藏旧、新石器时代至近、现代文物万余件，其中珍贵文物数百件，尤以古代石刻、汉代画像砖最为有名。该馆固定陈列是画卷似的《成都古代史——历史文物陈列》，它从不同的角度展示了成都这座历史文化名城从新石器时代至鸦片战争的宏伟历史。

近年跃起的金沙遗址博物馆，可谓是异军突起，刚一亮相就引起了世人关注。这里是公元前十二世纪至公元前七世

以佛像为主打的鹿野苑石刻博物馆

长江上游古代文明中心——古蜀王国的都邑。最值得关注的是,在此出土了世界上同一时期遗址中最为密集的象牙、数量最为丰富的金器和玉器。其中最富盛名的是太阳神鸟金箔,被确定为中国文化遗产标志和成都城市形象标识主图案。金沙遗址的发现,把成都城市史提前到了三千年前,因此被视为成都城市史的开端。

在成都的高校不少,且大多拥有自己的博物馆,也是各有亮点。比如四川大学博物馆,这是中国高等学校中第一所综合性博物馆,其藏文物四万件,以西南少数民族文物、民俗文物、四川汉代画像石、画像砖、唐代佛教石刻、历代名纸、四川陶瓷、明清书画及工艺美术文物最具特色。如西南民族大学博物馆所收藏国内的三十余个民族的文物一万余件。其中藏传佛教佛龛、镏金佛像、唐卡、藏文古籍和凉山彝族的漆器、苗族服饰、羌族地区土司官印等尤为珍贵。

成都的博物馆最大特色并非是公共博物馆,而是私营博物馆。比如大邑县的安仁这个博物馆小镇上的博物馆群落。二〇〇四年,樊建川以个人名义在四川大邑县安仁镇征地五百亩,卖掉了地产公司七千多平方米的办公楼,开始兴建"建川博物馆"。这个群落由三十多座博物馆组成,分为四大部分:抗日战争、红色年代、民俗馆和地震馆。收藏各种文物已超过一千万件,其中国家一级文物一百三十七件,是目前中国乃至世界最大的民间博物馆。

二〇一〇年,成都市林业和园林管理局向建川博物馆聚落授牌"成都市安仁文博森林公园"。这在某种程度上提升了它的形象和品牌效应。在建川博物馆的发展过程中,始终有政府部门的支持。

如今聚落中已开放了十多个博物馆。到二〇一〇年,建川博物馆接待游客总数超过了百万人次。业界人士认为,维持规模如此庞大的博物馆系统运行,仅靠门票收入远远不够。何况博物馆员工四百多人,加上水电维修费用,开门一天,就烧掉八万块钱。樊建川曾试图用多种文化产业来为博物馆造血,园区中设有酒店、客栈、茶馆、文物商店等配套设施,供游客休闲娱乐,这在很大程度上弥补了门票收入的不足。目前,建川博物馆正尝试将博物文化与旅游地产相结合,以此来带动博物产业的勃兴。

樊建川曾透露,博物馆已经运营了十年,但直到第四年,才基本实现收支平衡。他说,现在他已经接到了来自省内外多家博物馆的邀请,涉及的环节包括博物馆筹备、场馆设计、装修,甚至文物的提供。"建川(博物馆)将来不仅要做好自己的博物馆,还要努力成为中国第一博物馆提供商"。对于文博产业的前景,他十分看好:"市场可能不会太大,但是如果能够专注于此,可以占据市场较大的份额。"

在成都的众多博物馆当中,二〇〇〇年落成的鹿野苑石刻艺术博物馆应该是最有特色的一家。这虽是小型主题性博物馆,却收藏了西南丝绸之路范围内大量的佛教石刻艺术品。馆内石刻艺术品已达两千多件,内容丰富,极具文化底蕴。多年前,我曾跟朋友去看过这家博物馆,其内部绿化较好地保留了川西民居农家竹林的自然风貌,林木茂盛,绿树如阴,宛如别样的文艺天地。在这里观石刻艺术,又能享受的川西坝子的风情,是难得的博物馆之旅。

除此之外,成都还存在着大量与四川本土文化相关的博物馆,如唯一的成都川菜博物馆。这里藏有从战国至现代的三千多件川菜饮食器皿,还有饮食互动区域,很好地传播了川菜文化。成都川剧艺术博物馆则以珍贵的资料、照片、实物等记录了川剧的发展历史、艺术成果。成都蜀锦织绣博物馆,为全国唯一拥有全套手工蜀锦制作工艺和蜀锦历史文化展示的专业场馆。这些博物馆以不同的形态记录了成都文化发展的脉络。

他如石刻、玉器、乌木、园林艺术、古灯文化等等,都有属于自己的专业博物馆。当然,也还有麻将、茶博物馆,它们分布在成都的大街小巷,以不同的方式传承着这座城市文化。作为一个博物馆之城,成都所提供给我们的不仅仅是一种记录,而是面向未来的文化之旅。

书场:娱乐的天堂

书场,附设于茶舍之内,是成都人娱乐的天堂。边喝茶边听评书、竹琴、扬琴、清音、金钱板、相书、谐剧等曲艺节目,是成都人日常娱乐活动的一种。不过,关于成都人的日常娱乐活动,唐人段成式早在《酉阳杂俎》中便有记述:"予太和末,因弟生日,观杂戏,有市人小说……"借过生日之机请戏班和评书艺人捧场,是官宦商贾人家的时尚之举。成都人的娱乐最早可追踪到东汉陶制说书俑,"击鼓说书,喜形于色"。

过去四川称戏曲演员为"蜀伶",宋人岳珂就说:"蜀伶多能文,俳优率杂以经史。"可见民间艺人都有着深厚的文化功底。到了清代,不断从外省传入的丰富多彩的表演形式与本土文化相融合,逐渐衍生出许许多多散发着浓郁四川乡土气息的艺术品类,而评书或者"说书"则是这些品类中最接地气、最反映市井民情的一种。

嘉庆年间,六对山人在《锦城竹枝词》中描绘成都曲艺盛况时咏道:"清唱扬琴赛出名,新年杂耍遍蓉城;淮书一阵莲花落,都爱廖儿《哭五更》。"这里的《哭五更》是一出地方曲艺品类,在全国各地有各种版本,通常是讲述旧社会的新娘哭嫁,种类繁杂,说唱起来清冽沉郁同时又哀婉动人,这实属底层民间的"口白生活"。

到了晚清时,成都只有四川扬琴和四川评书等少数曲种才能在茶馆内进行卖

成都旧时的书场

艺活动。其他曲种进入茶馆卖艺时，则是进入民国以后的事了。民国时，书场大都为专场，比如扬琴书场的鼓楼北一街芙蓉亭、听评书的北打金街香荃居、唱竹琴的东城根街街口的锦春茶楼，中城公园的乐观茶铺、扬琴票友聚会的北打金街天一斋、提督街的知音书场、西御街的安澜茶园等，都曾是成都活跃的书场，吸引着大量的粉丝。这安澜茶社在二楼上，看起来不大，书场有一百二十个座位，却是川西地区有名的既能品茗，又能欣赏四川扬琴的娱乐场所，也是名人经常汇聚之地，店招是著名书法家毛畅熙题写。它与对面的德盛茶社遥相呼应，在德盛演出的是老成都熟悉的曲艺名家曾小昆的四川相书《丑断桥》、杨庆文的竹琴《水漫金山》、吴晓楼和吴遐林的相声《歪批三国》等，精彩节目常常赢得观众热烈的掌声。

上个世纪三四十年代，成都曲艺界涌现出了李德才的扬琴、贾树三的竹琴、曾炳昆的评书和李月秋的清音等四大名演员，被誉为四川曲艺界的"四绝"。

李德才后来活跃于有百年历史的芙蓉亭。上个世纪三十年代，夜夜摆场，座无虚席。他的戏路非常宽，什么样的旦角都能唱。小旦、花旦、闺门旦、青衣旦都难不倒他，最感人的还数青衣旦。一九三六年三月，李德才先生应美国胜利唱片公司之邀与郭敬之、廖学正等人一同前往上海灌制四川扬琴专辑唱片三十八张。当时成都的报上说："沪上归来真阔哉，洋琴清唱数德才。婉转歌喉重一时，洋琴新入播音机。"

关于竹琴有两个故事值得摆一下。一九四九年出版的《剧趣周报》刊登了一条消息，便披露了现任诺贝尔文学奖评委之一的马悦然和毕业于英国伦敦大学东方文学研究院的西门华，上世纪四十年代在成都华西大学学习中国语言文学时，不仅慕名到各剧院和书场追听过贾树三的演唱，而且还带着钢丝录音机到现场录制过贾树三的演唱。

当时，成都"五老七贤"之一的尹昌龄写了一幅长联悬挂在书场内，上联是：盛世之元音已杳，今又逢师旷重来，绝技出瞽盲。最好是杨素还妻，李陵饯别，浔阳送客，子胥渡芦，串生旦丑净而各肖神情，慷慨激昂惊四座。下联是：历年亡国步多艰，只赢得长沙痛哭，幽怀寄弹唱，恍如闻渐离击筑、雍门抚琴、越石吹笳、祢衡挝鼓，从忠孝节义以扶维教化，发扬蹈厉足千秋。

《成都通览》中游玩杂技部分记载："相书经警局禁止，然俗不伤雅者，成都只有李姓说得好，名李相书。每日工钱六百文，夜间三百文，住东华门一瞎子耳。"这位"李相书"，本名李相成，在成都有传徒二人：大弟子邹明德，善犬吠马嘶，兼演戏法；二弟子曾炳昆，能编善演，勇于创新，使相书艺术达到了一个新的高度。曾炳昆还十分注重借鉴其他艺术形式以充实曲目，如他创作的《双灵牌》便是根据话剧（时称文明戏）《谁先死》改编而成，他所表演的《人之初》《绕口令》则得益于北方传统相声《歪讲三字经》《绕口令》。抗战时，曾炳昆"每日午前在新南门外茶社表演，午后在外北曹家巷圣清茶园献技"。

清音大师李月秋嗓音清亮甜美、滋润柔媚，尤其擅长晶莹剔透的"哈哈腔"而自成一路。早在二十世纪四十年代即有"成都周璇"的美称。上世纪五六十年代，喜欢清音和学唱清音的人陡然增多，"满城皆唱《放风筝》"。拜她为师的学生遍布巴蜀。书场、剧场、收音机里，都能听到清音美妙的旋律。车辐先生的《锦城旧事》就是以李月秋为原型的小说。

民国三十八年（一九四九年）成都警察当局在换发茶社书场的营业执照登记证时，成都的曲艺书场共计二十四处，分布在七个分局的管辖范围内。以一分局为例有：东大街的"留芳"书场，演唱四川竹琴为主；湖广馆街的"聚圣"书场，以音乐演奏、滑稽表演、川剧清唱为主；长胜街的"集贤"书场，以演唱四川清音、四川竹琴为主；东大街的"正义"书场，以演唱四川扬琴、四川竹琴、口技、双簧为主；交通路的"交通"书场，以演唱四川竹琴、四川相书、四川扬琴为主。

一九四九年之后，曲艺日趋正规化，相继成立了两个实验书场，从某种程度上解决了艺人的归宿问题。一九五七年，在有关部门的领导下，又进一步对成都曲艺书场进行了完善，成都的曲艺书场总计达一百四十二处，曲艺演员总计五百余人，其中大型书场八座，也先后涌现出了大量艺人，他（她）们传承着四川曲艺的精神。美国《迈阿密论坛报》记者威廉·蒙塔尔班诺在上个世纪八十年代曾访问成都，他在《四川的说书艺人》里说："说书这个行当几乎同他们所讲的显赫一时的风云人物一样悠久，一样受人尊敬。"不过，"说书艺人正在悄悄隐退，像他们所塑造的达官贵人一样不久也会消失在中国历史的长河中"。

今天，随着娱乐活动的多元化，书场作为一种娱乐方式，也逐渐走向式微。李伯清的散打评书、罗小刚的新派评书……还在继续书写新的传奇。

谐剧之下的巴蜀笑星

巴蜀笑星这些年发展态势不错,但也并非都是一帆风顺的。以谐剧为例,一九八六年是四川谐剧最火的时候,沈伐那年一年在四川演了一百场,还在春节联欢晚会上演出了谐剧小品《零点七》,第二年继续在春节联欢晚会上和演员岳红合演了小品《接妻》。后来没有能继续上春节晚会的原因,沈伐说:"没有新作品了。"

作品的好坏,在某种程度上决定了巴蜀笑星的火热程度。从谐剧开始,我们大致能看到喜剧、幽默在成都舞台上无处不在。这一种精神如今也深入到成都人的日常生活当中去了。

谐剧创始人王永梭

一九三九年的冬天,艺人王永梭在合江县中学迎元旦晚会上自编自演了《卖膏药》。一种崭新的喜剧表演艺术——谐剧从此应运而生。

所谓谐剧,即一人独演,不讲究服饰场面,道具极其简单,演员是剧中唯一主角,即剧中的第一种人——看得见的人;通过舞台道具的依托和语言、表情、动作表演,从不同侧面向观众显示剧中的第二种人——看不见而似乎看得见的人。这是谐剧特有的表演手法。

王永梭后来连续创作出了《扒手》、《赶汽车》、《黄巡官》等二十多个谐剧节目。一九四〇年,剧作家曹禺评说《卖膏药》的表演是白描,并对该剧给予高度评价。由于他在谐剧表演中的精彩和影响力,被誉为"东方卓别林"。

一九四九年后,王永梭又改编了《在火车上》、《结婚》、《十二点整》、《苏二哥》、

谐剧创始人王永峻

《打百分》等有影响的作品。四川人民出版社在一九八五年出版了《王永梭谐剧选》。一九八九年四川省举办了谐剧比赛，各省区方言谐剧纷纷登台献艺。

谐剧的传奇颇为不少。有一次，王永梭饰《惊梦》中的唐明皇。安禄山造反进皇宫后，惊慌失措，衣冠不整的皇帝把帽子吓掉了。披头散发，方符剧情。业余"草台班子"光借来戏装，没有水发，王永梭就"稳起"未摘帽。一票友见"不合规矩"，急忙大呼："赶快把他帽子揭了、脱了、取了！"这一取不打紧，剩下个"光头皇帝"，观众哄堂大笑。他又忙忙慌慌戴回去，几扯几弄，帽子竟散了架，根本戴不上。这一下，台下更笑开了锅。

不过，在一九四九年以后，王永梭渐渐地远离了谐剧这一领域，但这无损谐剧的发展。几十年之后再次听王永梭的谐剧表演，依然为其精彩表演所折服。

在谈到谐剧发展时，廖友朋曾说："可喜的是出现了包德宾、严西秀等一批谐剧作家，使谐剧剧目更加丰富多彩。谐剧更是墙内开花墙内外都香，沈伐是大家熟悉的王永梭的得意门生，张廷玉是舞台上出现的最早的女谐剧演员，在全国会演中得过奖。还有后起之秀景雯、李永玲等。至于学习并演过谐剧的专业、业余演员就不计其数了。"

巴蜀笑星的出场

上个世纪九十年代，是巴蜀笑星最火热的年代，简直可以用群星灿烂来形容。先是评选出了"傻儿司令"刘德一、"假打先生"李伯清、"王保长"沈伐、"嘻壳子"涂太中、"鸡蛋妹儿"景雯、"言子儿"吴文、"梅老坎"庞祖云等十大笑星。那时候，企业开业剪彩之类的活动都少不了巴蜀笑星的身影。他们以不同的娱乐方式赢得了观众的喜爱。

二〇〇四年，成都作家马骥推出了《散打笑星抽底火》，把三十余位巴蜀笑星扫描了一遍。如写刘德一守旧：唱的是川戏，侃的是龙门阵，说的是筛话，摆的是精头儿。写李伯清喜欢开着电视啄瞌睡，在汽车上打窝窝儿……

二〇〇五年十一月，巴蜀笑星们联合在一起，成立了成都巴蜀喜剧艺术家协会。此时，巴蜀笑星参演的电视剧、节目有：刘德一的电视连续剧《傻儿师长》；李伯清的《散打评书》；沈伐的谐剧《零点七》、《王保长》；吴文的《重庆言子儿》；景雯的《中江表姐》；马骥的《巴蜀笑星抽底火》、《李伯清夜话》；赵亮和张德高的《炝耳朵》；叮当的《叮当看电影》；钟燕萍的《胖姐帮忙》；廖建的《成都情事》；闵丹的《香抄壳子》等。

巴蜀笑星也多次走上央视春晚的舞

台,如沈伐的谐剧小品、张德高的四川方言小品《炮耳朵》等都曾在春晚中亮相,但由于四川方言和语言表达的关系,始终没能够走得更远一些。在赵本山火了之后,不少媒体也对此做过反思,可惜并没能取得相应的效果。

沉寂的巴蜀笑星

也许是由于当下的娱乐方式日趋多元,巴蜀笑星历经过一阵繁华之后,就沉寂了下来。有的笑星做起了生意,或参加地产公司举行的活动,而有的笑星则通过参演电视剧、上电视节目求生存。这种情况,似乎是成都文化的普遍现象,比如文学、艺术等领域也同样存在着这样的问题。这或可归结为缺乏创新意识,也跟成都的城市个性有关。

在其他巴蜀笑星小打小闹的同时,谐剧在这些年却有了长足的发展。二〇〇三年二月以来,"嘻壳子"涂太中陆续开始广收门徒,组建"涂家军",把四川本土谐剧表演艺术发扬光大。

近年来,"涂家军"新编、导演出众多喜剧节目,在省内外基层义演多场,深受老百姓的喜爱,四川电视台曾举办了以"涂家军"为主的谐剧专场演出。二〇〇三年,涂太中带领十五个弟子参加第二届巴蜀笑星擂台赛,其中六个徒子徒孙进入决赛并获奖。二〇〇四年,由其女儿涂军娅创作及参与导演、八岁的小邱弟子奇侠和十一岁的徒孙王思娴表演的话剧小品《小老乡》,获得文化部"群星奖"金奖。

不过,巴蜀笑星要取得更高成就,除了语言上的障碍之外,还与缺乏幕后的创作团队有关。长期以来,巴蜀笑星的活动区域只有川渝两地。至于走出四川,走向全国,依然是需要有文化创新给以支撑,如此才能走得更远一些。

花重锦官城

花会小史

成都是一个爱花的城市。每年的栀子花开时间,不管男女都会在上衣上别上一枝,别有一番风味。杜甫在《春夜喜雨》里说:"好雨知时节,当春乃发生。随风潜入夜,润物细无声。野径云俱黑,江船火独明。晓看红湿处,花重锦官城。"

早在汉唐时期,成都就出现了花市,其活动地点就在今天的青羊宫。明清时期,赏花成为当地居民的重要民俗活动。根据传统习惯,人们一般把"百花生日"(农历二月十五日)——花朝节的前后定为成都"花市"。这个传统习俗延续千年,年年在青羊宫举办"花市",从而发展成为民间喜爱的春游盛会。届时花农群集,城乡居民纷纷前来赶会,卖花、赛花、赏花、交换良种和互相学习培种技术,各种小吃和地方土产沿街摆满。

成都人种花的历史可追溯到唐代以前。唐人肖遘写的《成都》诗中有"月晓已闻花市合"的句子,说明当时已兴起了花市。五代至宋,青羊宫就是游览胜地。宋陆游诗:"碧鸡海棠天下绝,枝枝似染猩猩血。""当年走马锦城西,曾为梅花醉似泥。二十里路香不断,青羊宫到浣花溪。"从诗中可想见当年成都花市的盛况。

晚清实行新政时,在四川成立劝业道,当时的主管周善培利用成都人每年春季在浣花溪一带郊游的传统风俗,把"振兴实业"和"新春游乐"结合起来,利用花会场合举办全省性劝业会,即全省商品工艺品展销会,作为春季商品展销会的花会连续举办了三次,直至清末。民国时改称"物产展销会"。届时商贾云集,十分热闹。花会期间,成都各剧团、杂耍班子,地方名小吃店主,有上百家茶馆和酒店在此搭棚营业。其他民间艺人也都不请自来,为花

花会上的餐厅

会增添光彩。花会是成都每年最热闹的公共聚会。

李劼人在长篇小说《死水微澜》里描述过花会的情况："这一天,青羊宫的香火很旺盛。成都人不称赶庙会,只简单地称为赶青羊宫,也是从这一天开始,一直要闹到三月初十边上。""四方的人,自然要不远百里而来,买他们要用的东西。城里的人,更喜欢来……他们来此的心情只在篾棚之下,吃茶喝酒,赏春游宴罢了。就是官宦人家、世家大族的太太、奶奶、小姐们,平日只许与家中男子见面的,在赶青羊宫时节,也可以露出脸来,不但允许陌生的男子赶着看她们,而她们也会偷偷地下死脸来看男子们。城里的人之喜欢赶青羊宫,而有时竟要天天来此,这也是一大原因。"赶庙会的人都要梳妆打扮,女孩子是"乡间村姑态若何?却把胭脂打一坨";风流少妇是"行路手拿甘蔗嚼,短短青裙窄窄裳"。游人穿梭如云:"青羊宫里似星罗,乘兴家家戴酒过。小妹戏呼阿姊语,今年人比往年多。"

竹枝词里的花会

竹枝词是一种诗体,是由古代巴蜀间的民歌演变过来的。唐代刘禹锡把民歌变成文人的诗体,对后代影响很大。在林孔翼先生所编的《成都竹枝词》里,有不少诗

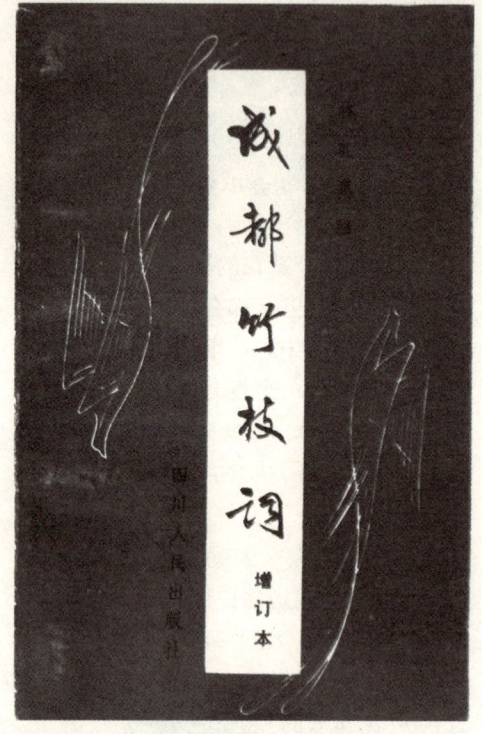

成都竹枝词

人写到了成都花会。

寓居成都的方旭写有竹枝词,如:"赏花人又赏音来,乘醉相携到舞台。台上欢娱台下叹,伶官今日亦需才。"又:"青羊宫里觅神仙,觅得神仙说化缘。最爱西斋刘老道,只谈花事不谈玄。"

新闻人陈宽在《辛亥花市竹枝词》中写道:"劝工业继劝农忙,奔走全川大小商。机械工人谁战胜,利权端的属西洋。"逛花市也有趣味:"水程陆路免周旋,花市

游人惯省钱。一二十文廉价雇,独轮车子半头船。"逛罢花市,照例少不得的节目是吃喝一回。"'四春'雅座善温存,赛过同行'五柳村'。填鸭最肥油最大,南堂要数'聚丰源'。"

民国十二年的春天,文人刘师亮写了《成都青羊宫花市竹枝词》,且看:"通惠门前十二桥,游人如鲫送春潮。与郎走过桥头去,笑指仙都路不遥。"那时,成都尚无马路,坐车只有鸡公车:"车坐鸡公价不奢,周围一转布蓬遮。车夫揽客殊堪笑,不喊先生喊老爷。"在会场里,更是热闹非凡:"不必中餐与小餐,庵前食货好摊摊。豆花凉粉都玩过,再把红苕捡一盘。"这说的是花会上的小吃,花样繁多,所以逛花会成为成都人游乐的一件大事。又:"当路茶园有'绿天','鹤鸣''永聚'紧相连。问他每碗茶多价?都照君平卖卜钱。"这说的是茶园。

到了民国十七年,成都花会依然热闹,但也是鱼龙混杂,有首竹枝词说:"警察天天在站岗,维持秩序有城防。果然令出山摇动,娼妓悄悄入会场。"这是因为她们进出多滋事,所以要严禁其入场。在花会其间,也有乞丐讨钱:"乞丐饥儿满路途,老爷太太惨声呼。寄言揽胜寻芳客,请看流民郑侠图。"

这样的花会场景,几乎贯穿了民国的各个时期。

新时期的花会

一九四九年鼎新之后,成都各行业是百废待兴。一九五一年正式举办第一届花会,以后每年一次,每次一个月至一个半月。届时,成都附近的国营、集体花圃及广大花农,都将各自辛勤培育的名贵花卉、家栽盆花、盆景等运到青羊宫,搭棚撑帐,摆摊设点,进行展销。

从一九八〇年起,成都市政府决定将花会场地定在与青羊宫一墙之隔的"文化公园"。花会期间除传统内容

花重锦官城

外，又增加了鸟市、书市、书画艺术展销等内容。花会期间，一直是游乐的好地方，尝尝小吃，看看花，成为成都春日最自在的地方。

近年来，成都花会逐渐向周边地区扩展，现在已形成龙泉桃花节、新津梨花节、彭州牡丹节、天台山茶花节等八大花会。成都花会，早就被誉为是和庙会、灯会齐名的新春三大传统民俗节庆之一。每年农历的春节，人们以盛大的仪式和热情，游春踏青，观赏奇花异木，品尝风味小吃，购买土特产品，迎接春天，祈福新年。

由于成都人对花的热爱，创造了"鲜花经济"。这不免让人想起徐重蕃的一首竹枝词来："今年闹热胜当年，生意如何不卖钱。搞得商家无法想，留音放起当宣传。"

诗人啸聚的江湖

诗人凸凹在《诗歌的最低处》一文里说："历史上的伟大诗人，除屈原等少数几人外，几乎都到过成都。成都自古以来就是诗人的集散场和原产地。在高高海拔上的雪溪奔向峡谷中的江河，峡谷中的江河奔向没有海拔的大海时，从古至今，举国上下，多少诗人的足迹和书剑，多少诗歌的向度和眼睛，纷纷往返奔波在裹着雾衣的崎岖的蜀道上。成都诗歌烽火台上的信号，成为了中国诗歌的风向标吐词的重要发音。"

说成都是诗歌之城就在于不同的诗人从这里看到了诗意。上个世纪八十年代，是文艺复兴的时期，继朦胧诗之后，诞生了众多的诗歌流派，如南京的他们、重庆的莽汉和成都的非非，都是其中的佼佼者。此时，如欧阳江河、柏桦、翟永明、孙文波、钟鸣、冉云飞、龚静染等诗人掀起的第三代诗歌浪潮，风靡一时。

诗情飞扬

在众多的诗歌流派产生之后，在上个世纪九十年代，成都诞生了众多的诗歌小团体，如卢枣、张卫东、李兵、胡马等人组成的人行道，杜力、萧瞳、马雁、文迪等人组成的幸福剧团，胡仁泽、李龙炳等人构成的屏风等等。他们还创办了属于自己的诗歌民刊，如《幸福剧团》、《非非》、《人行道》、《屏风》、《鱼凫诗刊》、《芙蓉锦江》、《或许》、《诗领地》等等，且诞生了第一个中文诗歌网站——新文网。

从某种意义上说，诗歌是成都人生活中的一部分。所以，在成都你会相遇到形形色色的诗人，他们标示着不同的名号，诸如诗王、三轮诗人、打工诗人、九眼桥诗歌群……这个性的语言、特立独行的方式，是在茶馆里孕育出的诗情，也是在慢生活中方能产生的彻悟。

如果说，诗歌活动是诗人在寻找存在感的话，那么，诗歌作品的好坏似乎决定了诗人的地位。但即便是这样，写诗的好坏姑且不论，能平心静气地坐下来喝茶、参加饭局，这与诗歌的成就密切相关，一旦这种状态达到了高潮诗人就可写出非同寻常的作品。

在我跟诗人交往多年的经历中，诗人所留给我的印象是各种各样的，他们是赖诗歌以存在的个体，竟然少有相似的，哪怕是同一个诗群的诗人，个性也存在着很大的差异，而这种风格的形成或许可归结为城市文化对诗歌的影响。

二〇〇五年，成都诗人提出了打造诗歌首都的设想。关于诗歌的活动就更多了,既有本地诗人的交流,也有外地诗人的来往,更不乏国外诗人的参加。如在白夜酒吧聚集的诗人是一批老诗人,而大梦酒吧、芳邻旧事酒吧则聚集了当下活跃的诗人。这种丰富让成都变得诗意起来。

诗人张卫东曾说,一首好诗带给我们的应不仅仅是娴熟的技忆、审美与享受,她更应是一种进入灵魂的语言。当我们在诗写中开出了自己的花朵,才有可能成为伟大生命之树上的某一叶。这不妨解释为成都人的诗情飞扬,也可看作成都在诗歌上的探索。

灿烂的诗歌节

在成都的好处不少,吃喝玩乐且不去说它,就是形形色色的文化沙龙什么的,也不在少数。最多的当然是诗歌节,这样的节日,在成都有好些个,且不说内容的好坏,气氛是否热闹,单就诗歌的文化意义上,就有了自己的特色。比如芳邻旧事诗歌节,两年一届,诗坛大腕多有云集,迄今已举办了两届。

最有特色的诗歌节是龙泉驿的乡村诗歌节,至今年已举行了十多届,每年参与的人数都不同,从桃文化到桃花生活方式,不一而足。年年岁岁花相似,每年主题却不同。我去参加了好多届,有时,也朗诵下诗歌,热闹非凡,这大概是成都做的最久的诗歌节了。

让人喜欢的还有青白江的冬至诗歌节。在冬至的前后,诗人胡仁泽、李龙炳邀请十几位川内诗人相聚在青白江,喝喝酒,聊聊诗,也还朗诵一些诗歌,但我总觉得这像雅集,不同的诗人在集会上各有表现,有醉酒者,有朗诵者……不一而足,也特别好玩。

在都江堰,我也参加了两回诗歌节,一是在大观镇举行的诗歌节,在篝火中朗诵诗歌,雨也还下着,真有诗的味道。还有一回是在某一个酒店举行的诗歌节,但那次更像是一次聚会,并没有就

诗歌节在成都人的生活当中,是一种常态

诗歌进行种种的讨论。

　　这其中不能不提的是白夜诗歌节。相信很多诗人都朝拜过白夜酒吧，那里举行的诗歌节内容丰富，中外诗人齐登场，以不同的语言、语调朗诵诗歌，这也就多了些意境。记得在成都还举行过中法诗歌节，可惜只进行了几届就没了消息。这样的诗歌交流，原本是民间文化流动的一种方式。

　　诗歌节，在后来也演化出形形色色的诗歌沙龙。在西安，有个长安诗歌节，每每有诗人路过西安，就举行一次诗歌活动。活动大致内容是，诗人们先找个地方餐聚，而后，就近找间咖啡馆或茶馆，各人朗诵自己的诗歌作品。在每个人朗诵完后，现场做一些交流式的点评。活动结束以后，大家就散了。如今，这诗歌节做了快两百场了。

　　在某种程度上，诗歌节就像海明威所说的"流动的圣节"，带有生气和活力，有一种优雅在。我不知道别的城市是不是像成都、西安这样，有着丰富的诗歌文化活动，但我想这大大小小的活动，是对生活的滋润，在某种程度上也能解释成都人的生活之所以休闲的原因所在吧。

那些年的文学杂志

　　成都在文学领域一直走在全省的前列，这大致得益于成都作为省城，聚集了大量的文学力量。有作家必有文学杂志，而成都的文学刊物有三种：《星星》诗刊、《四川文学》和《青年作家》。

　　诗人在成都占着举足轻重的地位，不仅诗人数量众多，诗歌成就也非凡。这与《星星》诗刊的创办是分不开的。一九五七年一月，《星星》创办，这是一九四九年之后创刊最早的诗歌刊物。是流沙河、白航、石天河、白峡四位年青诗人所创办的。在代发刊词的《稿约》中，编辑如是说：我们只有一个原则性的要求：诗歌，为了人民！可见，刊物的开放性，是没有多少条条框框的。

　　也许正因如此，在随后的"反右"运动中，四个人相继被打为"右派"，石天河将此称为"《星星》诗祸"。"这是一九四九年以来最大的一场诗祸。它由《星星》发表的一首情诗（曰白的《吻》）和一组散文诗（流沙河的《草木篇》）的批评与反批评发端，在'整风'突变为'反右'的风云反复中，酿成了一场涵盖四川全省的文字狱。"《星星》由此停刊。

　　石天河在《逝川忆语：<星星>诗祸亲历记》中回忆了《星星》的历史，他说："作为过来人，把它记下来，主要的已经不是因为自己有什么需求，而是为了未来，希望未来的人们，不再重蹈历史的覆辙。"

　　一九七九年复刊以后，《星星》在中国诗歌的天空中重新放射出异彩。《星星》复刊后，发表了顾城、舒婷等朦胧诗人的诗作，引发了一场关于朦胧诗的世纪大争论，掀起了诗歌的热潮。

　　一九八〇年代，是中国诗歌黄金年代，《星星》也焕发了活力。一九八六年评选了"我最喜爱的十位当代中青年诗人"，舒婷、北岛、傅天琳、杨牧、顾城、李钢、杨炼、叶延滨、江河、叶文福等优秀诗人入选。

　　这一年的年底，在成都举行了颁奖典礼。十位当选的"我最喜爱的当代中青年诗人"应邀参加庆祝活动，在成都掀起了一股前所未有的诗歌热潮。《星星》诗刊的很多工作人员还记得，北岛、顾城、舒婷等诗人入住的是成都花园宾馆，白天，诗人们在四川省作协的大楼里开会，会议室的门被严把着，门外挤满了狂热的诗歌爱好者，几个窗户也被人群堵得满满的。诗人柏桦因为没有收到正式邀请，进不了会场，一怒之下，拂袖而去。

　　一九九九年开展了"中国诗歌教材"的大讨论，促进了中学语文教材的改革和高考作文对诗歌体裁的解冻；二〇〇二年与成都市公交汽车公司联合举办"公交诗"活动,在成都市数千辆公交车上办起中国第一家"流动诗刊"。

不过,随着诗歌流派的增加,社会的转型,诗歌的社会地位也逐渐走向了边缘化。《星星》也在努力探索新路,比如二〇〇二年八月由月刊改半月刊,下半月刊与网络对接,创办了中国第一家网络诗歌的完全版本。

此后,《星星》还在尝试求新求变,近几年,杂志由月刊改为旬刊,分为诗歌、散文诗、诗歌理论三个刊期,看上去丰富了刊物的内容,却并没有在销量上有增加。尽管在这一时期,《星星》也在尝试通过活动带动刊物的发展。二〇〇六年,与罗江县联合举办中国罗江诗歌节。此外,还召开笔会、与高等院校合作和推出星星诗文库等等。

有诗人这样评价《星星》主编龚学敏的诗歌:"他为汉语解除了几千年来套上的层层枷锁,在他构筑的语言宫殿,每一个汉字都是那样的鲜活,灵动,摇曳多姿,活力四射,他消除了汉语陈旧、腐朽的气息,以一种全新的面貌呈现在世人面前。他的诗歌可以说是一本最全新的语言宝典。"在他的带领下,《星星》以新的面貌出

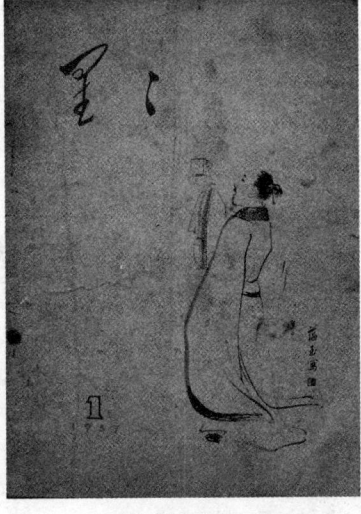

星星创刊号

现,在诗歌被逐渐消解的时代,找回了诗歌独特靓丽的风景。

在作家刘正成的职业生涯里,有这样的记录:一九七〇年,当年起任川棉一厂党委宣传部新闻干事直到一九八一年一月调离。当年创作独幕话剧《欢迎新战友》获全市业余文艺奖,由马识途推选成为成都市话剧团演出剧目,结识黎萌章、彭厚筠、张帆等编导。担任工厂业余文艺创作组组长。向《革命文艺》(即《四川文学》)投稿,认识作家陈之光、唐大同等。一九七五年七月,参加《四川文学》组织的四川省业余文学创作会。一九八二年三月,赴北京为《四川文学》"四川籍老作家专号"组稿。《四川文学》是四川作协所创办的刊物。

说起这本杂志的历史,当从一九五九年说起。这一年八月,作家协会重庆分会在成都市召开理事扩大会议,正式决定作家协会重庆分会更名为中国作家协会四川分会,于十一月由重庆市迁至成都市,与省文联合并。原作家协会重庆分会所办的《红岩》和四川省文联所办的《草地》于同年九月终刊,从十月起另创办一个综合性文学月刊《峨眉》,一九六〇年五月改名为

《四川文艺》，一九六六年六月至一九七二年九月刊物处于停刊状态。一九七二年十月复刊。一九七九年一月改名为《四川文学》。一九八四年一月，《四川文学》改名《现代作家》。一九九一年一月复改为《四川文学》。

单从这刊物的流变来看，它是紧跟历史形势的，其内容也多半是随着社会变革而有所变动，但大致而言，反映了四川文学在不同历史时期的水准，同时也发展了一批青年作家，如今，他们大多成了四川文学的中坚力量。

创刊于一九八一年的《青年作家》，刊名系集鲁迅手迹，创刊词由巴金先生撰写。在创刊初期单月发行量突破三十万份，以骄人的影响力成为中国文坛"四小名旦"之一。但随着经济社会的深刻变革，《青年作家》也经历了衰落与沉寂，一度单月发行量回落到不足一千份。

倘若拿《青年作家》的命运比照文学的命运，也是有几分相像的。它曾在网络文学到来之时，宣称要做第一份网络文学

青年作家创刊号

杂志。但这并没有持续多久，随后就不停地改版，杂志风格也忽左忽右，让人摸不清楚头脑。

《青年作家》在缺乏更好的定位情况下，也在更多地尝试与市场结合，即通过不同的文化传媒机构来运作。如此就使杂志的内容、质量波动很大，这似乎是市场经济里文学杂志在尝试过程中所需付出的代价。

二〇一四年，《青年作家》推出了半月刊，上半月偏重于文学，下半月为地方文学的专号。其主编说："所以我们，必须无反顾地融入这个（社会）转型，要沾这个时代的地气，要食这个时代的人间烟火。我们要适应不要迎合，要改变不要墨守，要年轻不要衰老。我们在这里，珍惜每一个作家的个性与创造力，珍惜每一粒汉字的创新与生命力。"这种变化是否能拯救《青年作家》，我以为，这还是未知数。

有句话说："你若安好，便是晴天。"对文学杂志而言，当它不再是生活中不可或缺的选择的时候，文学杂志如何找到自己的位置，这才能找到自己的世界。

成都画派的风流

何为成都画派

先有巴蜀画派，后有成都画派。巴蜀画派，包括重庆在内的四川地域内，以历史悠久的巴蜀文化为依托，包括省内各少数民族在内的、由古至今的地区绘画的流派总称。其风格为婉转细腻、设色丰富而秀润，勾线纤细飘逸。也许是由于巴蜀范围太大，才推出了成都画派这一概念。

不过，艺术家曹鹏认为，成都画派的提法，当从一九九三年在中国美术馆举办的"成都画派大展"算起。在一些地方所列举的成都画派大事记中，我们可找到成都画派的发展脉络：

唐朝安史之乱后，书画家纷纷入蜀。其中包括了各画派的代表韦偃、孙位、滕昌祐、贯休等。

公元九三八年，后蜀主孟昶在成都建立中国第一个皇家画院，以黄荃、黄居寀父子为代表的工笔花鸟画家创造的院体画派对后世影响深远。

宋朝，蜀中的苏公东坡落笔文章，石室先生逸写墨竹，开创了中国文人画之先河。

抗日战争时期，全国书画名家大批入川，四川艺术和外面的艺术得到交流，成都更成了名家大家云集之地，四川山水也为他们提供了山水画的灵感源泉。这之中有张大千、徐悲鸿、黄宾虹、陆俨少、陈子庄、吴一峰、岑学恭、赵蕴玉、苏葆桢、李琼久等。

一九八〇年，作为改革开放后我国政府成立的第一批画院，成都画院也在其中。成都画院汇集了二十世纪四川画坛的众多艺术大家，在成都这座历史文化名城留下了许多艺坛佳话和艺术精品。

其实，成都画派在近年之所以被重新提起，更多的是作为文化软实力的一种体现。但就成都画派而言，所包括的有两类艺术家，一是成为公众人物的，这一类以张大千、陈子庄等人为代表；而另一种艺术家则低调作画，而不为大众所知，如周抡园、曾松茂等艺术家，他们刚好构成了成都艺术的不同性格。

画展上的成都画派

四川博物院副院长魏学峰认为："四川画家有个特点，他们在全国不管走到哪儿，看他们的作品落款就知道是四川画家。为什么？用水用得好。"这也影响着成都画派。此外，成都画派的风格在两个方面最为突出。一是成都有古代巴蜀文化的底蕴，几千年文脉不断，四川画家一直重文气，诗意很浓；二是成都虽然在南方，但它却是一个南北文化交融的地方，具有极强的包容性。

二〇一四年上半年，成都画派百年百人展在北京中国美术馆展出。这个名单包括国画、油画、版画三个类别，几乎涵盖了近百年来的成都重要画家。倘若我们对成都艺术多一些了解，这个名单并非尽善尽美，有的艺术家作品尚未形成自己的风格。

即便是选出了一百位画家，是否就能代表成都的艺术水准？在不少画家看来，作为一种艺术推广，可能会有失偏颇，毕竟相对于这个名单，也有一些在当时的（比如抗战时）著名画家被遗漏掉了。若是看影响，不仅仅是后世影响，也要有当时的视觉，这种兼顾或许更容易看到艺术发展的脉络。

成都画派百年百人展

在巴蜀画派的研究者看来，成都画派的历史上，有两位划时代的大师，在技术上理论上对现代中国画的推动影响深远，其一是张大千，其二是陈子庄。成都画派里当然还有更多的人物可以作为代表，比如一些画院、书画研究会都有可代表的人物，但相对于这种知名度大的艺术家而言，其影响力可能小一些，也常常被忽略掉。

成都的工笔画与文人画齐名，这其中的代表在历代都不乏其人，随着历史的变迁，有些画家沉寂了，而有的画家被打捞了出来，这从历史上第一部地区性断代画史《益州名画录》诞生在成都，就可知成都艺术的变化，是一个历史淘汰的过程。

但不管怎样，加

陈子庄，成都画派的代表人物之一

大力度来打造成都画派,是二〇一四年成都艺术圈的一件大事。成都市文化局出台了《成都市文化局关于扶持社会艺术机构举办二〇一四年度"成都画派"系列画展管理办法》,"成都画派"主题展最高每场补贴三十万元。此外,成都市文化局将在二〇一四年扶持共十八场"成都画派"主题国画展和主题油画展。

傍名人的画派

有艺术评论家曾指出,各地画家协会老实不客气地找出当地历史上的书画巨擘,"拉大旗为虎皮"地而招摇过市,此种现状正折射出当代中国画坛的无序与无知。如此看来,成都画派将张大千、石鲁等人列入名单,他们虽都在四川出生,其艺术、生活都跟成都多少有些关系,却不是特别有关系的那种。

众所周知,张大千在成都居住时间较短,在此期间,虽也有作品问世,但与成都关系不大。而石鲁呢,我们先看看他的经历,十五岁考入成都东方美术专科学校图画系,系统学习传统绘画,一九四〇年赴延安入陕北公学院,从事版画创作,后专攻中国画,他为创建"长安画派"作出了很大的贡献。那么,将他归类为成都画派,显然有点不妥。

如果说,成都画派具有文人气、包容性与乡土情怀的特点,不妨以此为参照关注成都艺术的流变,或许不难发现:更多的时候,成都艺术家与其说在乎身外的名利,不如说更在意如何才能更好地表达自己的情感。

这类画家的代表人物是周抡园,他是河北人,一九三七年入川。从他的绘画生涯中看,他是二十世纪丹青罴中为数寥寥的传统守护者,他是中国山水画"千秋家法"的正宗传人,更是将京派山水技法成功融入四川山水的独步者,他也是一位远未被世人认识而已然载入中国美术史的大师。作家蒋蓝认为,周抡园无愧于中国二十世纪具有代表性的有极高艺术成就的重要画家之一。这种艺术家更具有传统文人和情怀的风味,他们虽不为大众所广知,却能够安守一方书桌。

NGO 文化的未来

源于二〇〇八年的汶川特大地震，各种 NGO 组织进驻成都，开展地震救援、震后心理援助等各项工作，由此形成了独特的 NGO 文化。这是在其他城市难得见到的风景。不过在此之前，成都也有大量的 NGO 组织存在，它们更关注于环境保护（如成都城市河流研究会），或助学（手拉手联盟），或社会教育（如成都爱思青年公益发展中心、公和讲堂）或认识自然（如成都观鸟会）……成都大大小小的 NGO 组织，大约有上百家之多。

二〇一四年七月，德国总理默克尔在成都访问了成都华仁社会工作发展中心。这家 NGO 组织致力于社会教育，其中一项是针对儿童、青少年和家庭的社会工作，其主要功能是补充和辅助家庭教育，这并非是成都第一家这样的机构。随着社会文化的多元化发展，如公益读书会这样的社会教育组织在成都也大量存在。公益＋慈善，也许是未来 NGO 的发展方向。大量 NGO 组织在成都出现，并非偶然，是成都在文化创意这一领域的尝试与延伸。

学者冉云飞将 NGO 运动推至民国："民国时有很多人参与各种社会实验和建设，如乡村建设、扫盲活动、民众（含平民）教育、卫生尝试、医疗扶持、农作物试验、乡村与城市自治等，这些人都是精英，有不少人甚至是留学回国的高学历海归。"这其中就有民国杰出的公共卫生革命者陈志潜。

陈志潜，成都人，一九二〇年以优异成绩考入北京协和医学院医预科，此后接触公共卫生课。先后参与陶行知和晏阳初分别在南京郊区和河北省定县平民教育促进会的农村卫生实验区建设。在定县创立了他构想多年的农村三级保健网，开展保健服务和健康教育。抗战时陈志潜利用其担任四川省卫生实验处处长、任教于华西协合大学、战时救济工作负责人的身份，建立了四川省传染病院、妇婴保健、公共卫生医护人员培训中心等机构。可以说，这一系列的实践都与 NGO 相关。

一九九五年，著名的 NGO 组织绿色江河在成都成立。其所开展的长江源生态环境状况专题考察、建立和建设索南达杰自然保护站、策划建立"长江源"环保纪念碑、青藏公路和青藏铁路沿线藏羚羊种群数量调查等系列活动，每一件都不平凡。在某种程度上，这带动了成都人对环境保护的关注，也给后来的 NGO 组织建设起到了示范作用。

关注身边的事物，无疑是促进生活改善的一种可能。二〇〇三年六月五日，成都城市河流研究会正式成立。此后，它们开展了府南河上游可持续发展示范村项目研究、"城市河流水体修复"和"成都市城区水网历史变迁情况及恢复的可能性"、"岷江水资源开发现状和存在的问题"等项目研究，促进政府制订城市河流的蓝线规划。在这一点上，对成都的河流发展有着重要影响。而成都观鸟会所提出"时尚、运动、健康、生态"的观鸟理念与口号，则让更多的人认识身边的生活。成都观鸟会面向政府机构、社会大众及专业团体等广泛开展"环境教育与观鸟推广、鸟类及其栖息地调查保育、观鸟产业基础性研究与引导、城市社区建设与人居环境研究"等多方面的研究与活动。由此演绎出的对城市河流、鸟类的关注，就是对我们生活本身的关注。

在众多NGO组织当中，不可忽略的是社会教育。公和基金会是成都第一个面向社区的基金会，而由其推出的公和讲堂系列讲座，以及公和人物的推出、公和读本的阅读，在成都推动着人文阅读，野夫、雪珥、阿来等人的讲座吸引了成都和周边的人群参与，其规模虽不是很大，带来的影响却较为深远。

公共卫生之父陈志潜先生

成都爱思青年公益发展中心是成都面对青年人的一个NGO组织。它相信青年人可以带动改变，青年的发展更是社会方向与社会创新的关键。爱思负责人周玉亮说："我们用行动支持青年人，以多元及共创的精神，走进时代变迁的社会需要里。从'个别青年发声'、'价值传递'到'行动实践'，发挥创意，扩散青年的社会参与力度，能从公共参与的行列中，使青年觉醒应有的社会责任，激发对公共事务议题的关心与投入，为个人、经济、社会和环境创造正面改变，以'I Think, I Change'的思维，让智慧的光芒，激发新青年的梦想，勇敢地写下属于青年人的青春诗句，成为人类幸福的一个重要价值基础的确立。"

像这样的组织在成都日益增多。但这其中的发展并非是一帆风顺的，而是充满了曲折、坎坷。好在每一个组织都以韧性方式存在，在面对困难时，总能找到解决问题的途径。此外，NGO组织大量成立，灵活多变，可应对各种问题，几乎介入到我们日常生活的各个层面，影响很大，不妨将其称之为一种积极的"试验"。

二〇一三年,学者冉云飞、深度游策划人傅寒和著名作家江树组成游集学堂,其所打造的三峡深度文化游、古诗文修学旅行等活动,以定制的方式推出,同样受到了大众的喜爱。基于这个理由,他们提出了"旅行是一场文明的社交"理念。

NGO组织在近年来虽然有较大的发展,却也时常面临着资金短缺的问题。而游集学堂是一种社会型企业的NGO组织方式,从而将深度旅游与NGO造血功能有机地结合起来。但即便如此,它依然是一种小众服务模式。

在探讨NGO组织的未来时,或许就更需要集思广益,做这样那样的尝试,不管其得失如何,都是让人值得尊敬的事。

越来越少的名人故居

在苏州的老街巷游逛,不经意间就撞见一些名人故居,走在那里,你不免就会感叹,你跟他们同对一个蓝天,他们却没有雾霾、塞车,真是幸运。成都这个城市,这些年,变化很大,街道、楼宇越来越多,可你看到的老街巷却越来越少,至于城市文化的标志——名人故居就更少了。

成都的名人故居迄今保留的不多,仅有巴金故居、张大千茶居、李劼人故居和张采芹故居几处而已。

提起成都的名人故居,不能不提已故的"老成都"冯水木先生。据其调查,抗战时,不少文化学者、名人寓居于成都,其旧址也都一一确定。此外,他考证的还有:汉朝大辞赋家扬雄曾经在现青龙街十三中学内著述,唐代著名诗人李白曾经寓居在青

菱窠 1939 年旧景(李劼人孙子李诗云 2013 年 3 月绘制)

莲巷，明代状元杨升庵曾定居在现成都川剧院的宿舍处，天祥寺街因文天祥的驻足而闻名——"老成都"冯水木花费了近十年时间，终于完成了对流落在成都民间的一百三十一处名人旧址的搜集工作。随着他的突然离世，这一份资料也乏人整理了。

名人故居常常不是只居住一地，随着生活环境的变迁，也可能在多处居住。如李劼人所开的小雅莱馆最早在指挥街，后才移居现址，如著名学者流沙河的居住地则有三四处的。套用作家蒋蓝的说法，研究一个名人的"踪迹史"，可从中看到社会的变迁。

逛宽巷子时，在三十五号停住。只见门楣上方悬挂着的"思贤庐"匾额，大门左边的"张采芹故居"刻石。张采芹是谁？很多人对此有疑问。他曾参与创办"四川美术协会"，任常务理事兼管总务，接纳了大批内迁画家。在绘画方面，有"蜀中三张"（张大千、张善孖、张采芹）之誉。因其在景点，宽巷子才得以保留下来。像他这样的文化名人在成都还有很多，可惜他们的故居不曾保留。

作家巴金在成都的正通顺街出生，他在"激流三部曲"当中，对这个地方多有描述，可这只保留了双眼井。如今在百花潭公园里，打造出了一个慧园，是小说里旧居的再版。在慧园的门口，有巴金的塑像，一个院落，沦为茶园，里面展示着一些与巴金相关的图片，除此之外再也没有更多与巴金相关的东西了。巴金的出生地正通顺街，他曾居住并潜心创作的永兴巷和学道街，他在激流三部曲《家》、《春》、《秋》中写到的商业场……这些场所，都难以寻见昔日的踪影。

在名人故居中，保存最为完好的还是李劼人故居——菱窠。它位于四川师范大学的北门外。故居前面的一条路被命名劼人路。两年前，我曾陪同梁由之先生过访故居。当时的情景是，大门门楣的茶色楠木匾上，"菱窠"二字系著名女书法家黄稚荃手书镌刻而成，门柱上一副对联"极尽四时之所乐，自成一家以立言"。院内，一片中国式园林风景尽收眼底，新建的"碧桃轩"前是一汪碧绿的池水，池边一块汉白玉大石上书"椽笔扬波"，左边便是浓绿掩隐中的故居小楼。楼前有一小块绿地，安放着李劼人先生的半身塑像，系作家的生前好友、著名雕塑大师刘开渠用汉白玉精心雕琢而成。

当时李劼人故居里的大部分展品都已撤出来，正在进行改造。李劼人故居馆长郭志强带着我们在这里喝茶、参观，他对故居的现状和未来有一些伤感。而今，改造之后的李劼人故居有了变化：一是在馆外新建李劼人故居公园，二是对故居纪念馆本身进行修缮。李劼人故居纪念馆负责人介绍，这次的修缮，主要改变了故居大门的位置，朝南开放。同时，主楼二楼恢复成了藏书室。而"碧桃轩"将改为"李劼人生平事迹陈列馆"。改造之后的"菱窠"将成为融故居、纪念馆、公园为一体的成都文化标签、旅游胜地。

张大千曾在成都居住多年，如和平街的贲园就留有他的身影，而今在金牛宾馆里保留了他在成都最后的居住地——张大千茶居。

张大千的女儿张心玉在《先父和他的庭院》一文中写道："一九四三年秋，先父从敦煌返成都后，一直没有固定的住处，直到一九四七年，才在成都西郊的金牛坝建了自己的住所。第二年，先父去香港，后于一九五〇年应邀赴印度讲学和考察，从此，再未回来。"

一九四七年，大千寓所建成，当时的张大千新婚不久，他与成都人徐雯波结为连理，两人同住金牛坝的新居。和他们一起居住的还有张大千的弟子肖建初、何海霞、刘力上等。居住于此的张大千偶尔植树，金牛坝门口的一棵大树就是张大千亲手种下的。前不久，我去访问茶居，只见空空的房舍，并没有可观看的旧居，也许它正在面临着新一轮的打造吧。

不过，在成都的周边也还分布着些许名人旧居，如新都清流镇的艾芜故居、金堂五凤溪的贺麟故居、温江的王光祈纪念馆……这些场所与成都的文化遗迹相

金堂五凤溪古镇上的贺麟故居

比，数量实在是太少了些。

一座城市的文化离不开的是文化名人故居，在成都，如林思进的清寂堂、刘师亮的茶园、名人齐聚的华西坝、吴宓的陕西街、顾颉刚的赖家园，以及水井街上的四川大学的一栋教职工宿舍，住着蒙文通、林如稷、任二北等教授……这些旧居倘若都能保留下来，那将是怎样的一个文化景观！

美酒成都堪送老

第五辑 成都人

在成都,人人都是自恋狂。当某人第一次来成都时,成都人会对他正儿八经地说,如果没有拒绝幸福的能力,不要随便来成都。

成都人：自恋的"妖怪"

人人都是自恋狂

没有哪一个城市的人像成都人这样自恋，但这种自恋似乎理由充分：美食中所谓百菜百味，到了成都都化为川菜的一部分；三千多年不更名不迁址，成都几乎成了舒服的代名词；成都人太安逸了，喝喝茶、打打麻将，日子过得滋滋润润。外地人整天看到成都人在耍，不是摆龙门阵就是喝茶，奇怪地问，怎么创造的GDP还是那么多呐？很多人搞不醒豁（四川方言：搞不清楚）这个，那是因为成都人把日子过成段子，不同的段子有不同的生活方式，也就有不同的吃票子门路，正所谓虾有虾道，蟹有蟹路。

自恋，说白了就是一种幸福指数。一个城市的幸福指数高不高，就看自恋的程度深不深——不是每个人都能找到

作家冉云飞也是一枚妖怪

那么多的幸福感。所以，从另外一种意义上说，自恋也是一种资本。

比如说成都人的休闲，这绝不是懒散或堕落，而是对功利选择的一种随和态度。不是成都人不爱大钱，而是只要能满足生活需求就足矣。外地人就常常拿这个说事，说成都人小农意识，活脱脱一个当世阿斗，不思进取。其实，在中国传统文化里，更多的时候人们追求的恰是胡兰成说的"岁月静好，现世安稳"。成都文化标志之一的老作家流沙河说过：成都的气质，就是平等和笃定，不积极，也不懈怠；不冷漠，也不热情；不高昂，也不低调。分寸感很强，一切都能恰到好处。

成都人自恋成癖。奢侈品店开到成都，才是走向世界。火锅从重庆移民到成都，才算正宗，"重庆的，那是'野派'"。美女就更不用说了，南京的粉子叫金粉，而重庆的太泼辣，只有成都粉子才是地道的红粉，一股子粉香中还透着娇媚的温柔。所以外地人一到成都，夸不得家乡好，否则，只会招来成

都人的一脸不屑："切！我们的历史久远着呢，好耍着呢。"定要弄得你不好意思再说下去。但成都人的比较哲学都学得特好，总能找到成都异于其他城市的优越感：北京虽是皇城，风沙大，没有成都好耍；同样以休闲著称的杭州呢，西湖固然好，但比不上成都的市井文化，单是茶馆，就是全国第一吧。总而言之，成都人不断地把幸福感放大，再放大，转变成城市的生长力，于是，不管是古代，还是今天，成都都是一派繁花似锦。

茶馆里的"上班"族

生活就是一种状态、一种体验，成都人生活的性情原本就很率真、很自我——找一把高矮适度的藤椅，泡一杯唇齿留香的清茶。因此，考察成都人的日常生活，要从茶开始。在成都，如果你不会斗地主、打麻将，那绝对是交际上的缺陷；如果你还不会泡茶馆，那就是成都式生活的致命缺陷了。

众所周知，成都有三多：茶馆多、厕所多和闲人多。有种说法是"一市居民半茶客"，因为成都的茶馆多达上万家，每天至少有"十万大军"在茶馆里过活。茶馆不单单是喝茶、聊天、斗地主、打麻将的地方，还有一二十种功能：谈项目、搞活动、休闲娱乐等都可以在这里进行。"不在茶馆，

在去茶馆的路上"，这是成都人的生活常态。

成都人把喝茶当成日常生活的一部分，而茶馆就是第二客厅、第二办公室，众多的商务活动都在这里进行，一些选秀大赛更少不了在茶馆里"策划"（闲聊），就连老外到成都也入乡随俗，好像不到茶馆谈一谈，就显示不出合作的诚意。

一直以来，成都被视为闲人的天堂，成都人喝茶，在外地人看上去是休闲的生活方式，有时甚至被扣上了"假打"（四川方言：形容人不实在）、"装"的帽子。但成都人对茶的爱好就如同对生活的热爱，是不分季节和天气的。更形象的说法是，成都每天有十几万人在茶馆"上班"。

成都人的"闲"并非浪得虚名，他们对于生活的追求跟任何人是一样的，而"闲"只是生活的表征之一，掀开这一层才能看到成都人热腾腾的生活本质。

夜晚的"私享"家

于成都而言，"热闹"绝对是甩不脱的特色，在这里，白天有白天的风情，夜晚有夜晚的韵味。

夜晚的成都人，生活从"公众"开始变为"私享"，各有各的玩法，不一而足。生活的沸点在一拨拨活动之后持续升高，直达第二天凌晨，吃喝玩乐的地方依然是灯火

通明。这一切,恰如诗人康本忠所说:只有晚上六点以后,成都才能呈现出方向感——对于谈恋爱的小青年来说,这座城市的方向感是紫荆的电影院、春熙路的夜市;对于老大不小的单身汉来说,这座城市的方向感是玉林的酒吧、宽巷子的烧烤;对于手头有点钱的所谓财富人士来说,这座城市的方向感是科华北路的KTV、羊西线的娱乐会所;对于刚来成都的外地人来说,青石桥的海鲜烧烤和半边桥的老妈蹄花是不能不去的传奇之地;对于来成都很久的成都客来说,不去美女倍出的致民路,或者本土明星经常出没的芳邻路喝两杯,就不算了解成都夜生活……

无夜不成都。所谓"很成都"就是地道的成都生活。对于成都人而言,生活的乐趣就在于分享,他们将"分享"划成圈子——成都人的生活精细到不同的圈子,圈子不必大,只要有同好就成。这在其他城市是不可想象的事情,但在成都就办到了:运动、娱乐、美食、美女……都一一出现,这不是简单的生活组合,而是精彩的华章,成都人可谓是真正的生活私享家,就连六十岁的大爷也会在酒吧里泡着,而且泡得有滋有味。而美女简直是夜晚的女巫,在各个场合流动,宛若一道风景线,让成都的夜晚华丽无比。

成都人的豪爽与激情是难以公开展现出来的,因为成都的气质是不掺杂质的随和,只有到了夜晚,成都人才伪装卸去,还原本真。这时的成都人才显示出几许可爱,绝不会拉稀摆带。外地人对成都的误读之深,让成都人难以理解,不就是生活嘛,干嘛那么严肃地过。乐天派的成都人笑傲江湖——没有过不去的日子。

层出不穷的文化异人

成都的"水"太深,博大精深,好耍好玩的,花样百出,就是很严肃的一件事情,让成都人来做,保准也是精彩纷呈。比如,有人研究在自行车后面绑一个煤气瓶,通过点燃煤气,让自行车变成摩托。有人把自己装扮得像个算命先生,挑着个布幌在春熙路上游走,上书一行大字:请吻天下第一诗。他说:"吻代表爱,请大家都来爱天下最好的诗歌。"——也就是他写的诗。还有人研究给白菜打辣椒针,以便生产出比韩国辣白菜更天然的辣白菜……这类人,在成都太多了,以至于有人戏称他们为"仙儿"——比普通人想事物更"超越"一些。不过,由此可以看出,成都人的生活态度透着幽默,还有些科学:把日子过得有趣些。

日子精细到不同的时间段,对成都人而言是家常便饭。然而,在家常便饭的表面下,是藏龙卧虎、高手如云。比如说文化,随便一个二三流的诗人放到别的地方都能成为大师;说美食,虽然有八大菜系,惟有川菜全球飘香;说美女,美女还用说吗?春熙路上,"三步一个张曼玉,五步一个林青霞"已是众人皆知的事;哪怕是奢侈品,在全国都能位居三甲……古龙曾有千年一叹:这是没办法的事。

不是没办法的事,实在是成都人的思想太高级了,每个人都有自己的品质生活,格调绝对是有的:开宝马开奔驰的,跟一个骑自行车的惟一差别就是车子不同,思想基本上一致,外地人看着像一场场生活艺术。

著名作家、重庆崽儿冉云飞更是用"成都是一个出妖怪的地方"来形容成都,这里的妖怪当然不是传说中的妖怪,而是指具有创意性的人。《南方人物周刊》在做"四川人是天下的盐"时,首先想到的一个概念是"四川妖怪",毕竟四川文化氛围浓厚,川人出川是条龙,在川还是一条龙,这里是藏龙卧虎之地,而最为显著的是,有鲜明地方特色的川人,不断地对社会产生深远影响。

如果列举成都的"妖怪"名单,一定是成千上万个,他们以专业主义精神做着非专业的事情,一样风生水起。比如诗人钟鸣开了家"鹿野苑"石刻博物馆,二〇〇三年获得了中国建筑艺术奖公共建筑类优秀奖,二〇〇五年又获得美国《商业周刊》、《建筑实录》评选的中国奖(公共建筑类)……令专业人士大跌眼镜。诸如此类的"妖怪"隐藏在民间的各个角落,哪怕是泡茶馆,旁边一个不起眼的人抛出一句"你晓不晓得",一般都会引出一个"妖怪"来。成都的"妖怪"太多,在江湖上占有绝对的领导地位,以至于成都人看"妖怪"犹如家常便饭——不鲜见。有人正儿八经地搞起永动机;有人严肃地思索边走路边发电的问题;有人发明了"国学操"……成都人的古怪让外地人看来简直是没名堂,但成都人搞起创意来,明明知道不可能,却还要挑战,显示出成都人不怕苦不怕难的卓绝精神。

在成都,人民习惯的一句"不存在"说得直白:一切皆有可能。所以成都人看上去都有些古怪精灵。其实是成都这个充满宽容、和谐的人文氛围,让成都不自觉地成为文化异人的天堂。

傅崇矩和《成都通览》

在提到近代成都文化时,不能不提到《成都通览》,它堪称清末成都社会的"百科全书"。其作者就是傅崇矩。傅崇矩(一八七五年至一九一七年),字樵村,四川简阳人。他在报业、彩票、工业等诸多领域,勇开风气之先。青年时随父迁成都,一八九八年肄业于成都尊经书院,在《蜀学报》当过"访事"。

傅崇矩一生以成都人自诩,且著述甚丰,汇集出版了规模宏大的《傅氏丛书》,计有:《中国历史大地图》二十种、《万国通商水陆新地图》、《中外商务丛抄》一百卷、《四川省文明进步图》、《四川省明细详图》、《西域古今改革图》、《国朝名人言行录》、《考订长江水道图》、《〈山海经〉古地今证》、《历代白话史》。他还在宣统年间编纂过《自流井》杂志。而今被大众所熟知的则是《成都通览》。

创办《启蒙通俗报》

傅崇矩被孙少荆在《成都报界回想录》中称为"成都报界的一个开山祖师"。他最早的事业,是办报纸。而在此之前,他也在报馆任职。一八九八年,他开始在宋育仁创办的《蜀学报》"司采访工作"。

此后,傅崇矩独立办报,陆续创办了多份报纸,先后共十余年。他精通业务,写了大量的消息、言论、调查记,还自己动手画刊头、图画、绘制地图、翻译文章和电讯稿、写诗、写杂文等等,可以说是办报的全才。他视野开阔,思路灵活,又极富事业心、进取心,在新闻工作中有不少开拓创新之举。

《启蒙通俗报》是成都出版时间较长、影响较大的一份报纸。它积极宣传自然科学知识,反对迷信;大量介绍西方国家的新思想、新知识、新制度、新技术;提倡办学堂,实施教育救国,强调"只有教育二字,才可以转弱为强,反贫为富"。因此,该报大量连载新式学堂的课本教材。傅樵村的教育救国思想贯穿办报始终。

清光绪二十六年十一月初五(一九〇〇年十二月六日),傅崇矩在桂王桥北街的一家公馆挂起了"成都图书局"的匾,办起了《算学报》,这是成都第一张科学性报纸。可惜的是,成都无此风气。四川有史以来第一份自然科学类的报纸《算学报》只出了两期后就停刊了。

清光绪二十七年(一九〇一年),傅崇矩又创办了《启蒙通俗报》,木版印刷。初为半月刊,第十四期起改月刊,影响渐大。《启蒙通俗报》有论说、中外历史、杂录、歌谣、图画、教科书、讲义等栏目,介绍西方像闷头,软帽穿起。又不屙屎,把烟咬起。金钱外输,国货不喜。只恨父母,非洋种子。不中不西,人而无耻。改良社会,个个笑你!"这些画,把官老爷鼻子都气歪了。一九一一年九月七日,在"保路"高潮中报纸被查封。

除了办报纸之外,傅崇矩在桂王桥北街创办了成都第一家公众阅览室"阅报公社",他还是四川彩票业历史上第一个"吃螃蟹"的人,玩过彩票销售。此外,他还办过工厂,造过黄包车,当过四川红十字会会长等等。

成都社会的"百科全书"

成都人所知的傅崇矩,应该是他费尽心血写的巨著《成都通览》。要追踪这一过程,或许跟他一九〇四年考察日本有关,这次考察他购置了大量图书。《成都通览》,初名《说成都》,一九〇九年问世。这书由成都通俗报社印行,初版八册。全书三十一万字,分列四百多个栏目,对清末成都的山川、地形、交通、河道、塘堰、物产、寺庙、官衙、仓廒、工厂、银行、邮政、文娱、赌博、妓女、袍哥、官员、学校、商业、行帮、口语、俗谚、童谣、民歌、街道、家具、饭馆……都分项介绍,真是包罗万象。

近百年之后,德国波鸿鲁尔大学的一名汉学博士的博士论文,就是研究《成都

成都通览

文化和科学常识。

资料记载,此后报纸曾改在三道馆街文伦书局用机器排印——在成都这是最早采用现代先进排印技术的报纸之一。

清宣统元年三月一日(一九〇九年四月二十日),傅崇矩又创办《通俗画报》作为附刊,随《通俗报》附送。讥讽官场的漫画活灵活现,如有幅《中西人》漫画,讥讽以"改革"、"维新"为幌子的官老爷丑态,画旁题词是:"一身洋装,满口华语;周身洋货,不遗下体。又非讨口,狗棍夹起。好

通览》的。这正如傅崇矩在自序中所言："官于成都者,不可不阅。凡商界、学界、军界、工界,不可不阅。游历家、调查家、新学家、旧派家,不可不阅。幼孩妇女之能识字者,均不可不一阅。"

傅崇矩认为这本书不是"以文字擅胜场,以颂扬献媚骨"的应景之作,而是具有以下五个方面的优势和特点:一是他的籍贯为成都,所以比客居成都的人要了解成都;二是他的家在成都,所以比游历成都的人更贴近成都;三是他以耳目所及说成都,所以比道听途说更真实;四是他以事物实录说成都,所以比笔墨空谈更亲切;五是他以调查研究说成都,所以比考据古典更鲜活。

省城商务局总办沈秉堃此时调任云南,他为此书作的序言很中肯:"自《蜀都赋》《华阳国志》后,而四川风土殊少记载。虽通省有志,府、厅、州、县有志,近时新编各乡土志,然皆记其往迹,录其大要,未有于风俗人情、日用寻常货物价值汇集成编者。"他夸赞傅的《说成都》一书"诚人生必用之书也,以个人之调查,为人群之指南……"

荣县籍名流黄芝书序言中对其价值也有相应的论述:"傅君樵村有《说成都》之作……不假雕镂,自成信史。……盖自有成都以迄今日未有之新著也!……成都者,全川、全中国人之成都,非成都人之成都也……吾知此书既出,凡蜀人、非蜀人,皆当手一编,以资快睹!"

今天对《成都通览》的研究,很显然还有待扩展。不过,从这里可大致看到成都社会、文化的变迁。这也从某种角度上,让我们在探讨成都文化时,多了一处坐标。

周孝怀的社会改良运动

周孝怀,名善培,号香草,原籍浙江诸暨县,随父宦游来川,遂定居成都。一八九九年东渡日本,考察学校、警校、实业等,居四月返川。一九〇一年奉命带学生二十名赴日本留学,并聘回日本教习来成都开设私立东文学堂。后人在评价周孝怀时,对其在社会秩序混乱时实施系列社会改良运动,推动了成都城市的"文明化"过程称赞有加。

后来周孝怀回到成都工作,此时锡良担任四川总督,先后派他任警察总办、巡警道和劝业道等职。继在成都建幼孩教育厂、乞丐工厂、老弱废疾院外,力戒鸦片烟,改造监狱,预防火灾,破除封建迷信。一九〇八年任川省劝业道总办,通令各属普设劝业局,培训劝业员,大力资助民族工商业的发展。任内多次举办展销商品的工商赛会、商业劝工会,还在成都设立能容纳一百五十余家商户的劝业场,这些措施推动了四川近代工商业的发展。他还倡导和督促成立川江轮船公司,参与讨袁护国运动。国民政府成立后,潜心治学,不问政事,抗战初期在天津设电台,代表四川省主席刘湘对外联络。一九四九年后,任民生公司董事长、全国政协委员。

一九〇三年二月,署理四川总督岑春煊奏报,准成都知府沈秉堃在成都创建劝工局(后改为"四川省城劝工局",由省劝业道周孝怀经办),局址就在后子门东侧宝川局内。占地十余亩的劝工局,修建房屋一百二十余间,可容纳八百余人,计划每四个月一卒业,全年可教养两千四百人。局内并分四个部分,即工艺厂、迁善所、副厂和养病院。其中工艺厂宗旨主要教工以养民;迁善所专以拘留轻罪人犯,督以粗浅之工艺,使其可以自存,不复为不肖,其宗旨主在励工;副厂专以收穷民游民,教以寻常可存活之工艺,宗旨主在教工以迁善;养病院则以疗养本局之有病者。

劝工局包括织布、染织、麻织、丝织、刺绣、木器、竹器等工场。其中,织布工场在成都东边,生产工人一百五十人,丢梭织机五十多台,拉梭木机七十多台。还专门从上海等地聘请能制毡绒、毛巾、新式皮革的技术工人来指导。清亡后各县劝工局先后撤销。整个省城劝工局下设工场先后培训熟练工人两千多人,分赴全省各地传艺,对四川手工业发展起了一定作用。

周孝怀所创办的劝业场也是西南首屈一指的商业街。这是由四川省劝业道周孝怀倡导、成都商务总会樊起鸿筹办,成都著名营造商江建廷设计施工。一九〇八年七月破土,次年三月建成,开销的白银

周孝怀辛亥四川争路亲历记

达四百万两之巨。

一九〇九年的三月初三,成都劝业场正式开场。这一天,"在如今总府街一段,龙旗飘飘,锣鼓喧天,商民绅耆,穿着花翎补子长衫短衣,摩肩擦踵。劝业场门楼张贴了许多彩色广告:英美烟草公司的巨幅招贴、巴黎香水的广告画……入口处还散发戒烟丸、补脑汁、疗痔药水的传单、说明书和保证书"。

在开业典礼上,周孝怀快步登上临时高台,发表开场词:中国自古重农不重商,认为农者生活之本源,商者尤聊之末路,故秦汉之制,商贾不得衣文绣,盖贱之也,致使国贫民瘠!近观东洋之振兴,实为发展工商致之。愿诸君共振实业,裕国裕民!

劝业场共有一百五十余家店铺,劝业场有规定,凡有官办的局厂和在劝业会(花会)比赛得过奖的私家工商户才能入场设售货处所,于是劝业场事务所对接纳商家承租,是要择优选取的,在各行各帮中没有点名气的店家别想租得一间铺面。这样的购物环境自然让成都妇女喜欢了:"姊妹偕游劝业场,翠鬓低衬海棠香。东楼观罢西楼去,软语微闻说改装。"

周孝怀还一改成都商家买卖喊价还价的旧习,实行每家店铺悬挂出价目牌的做法,统一定价,明码实价。后来相邻的东大街、走马街、暑袜街的商家也受影响,悬牌标价。后来有首竹枝词写道:"命名'劝业'意云何,国货提倡信足多。他日富强今左卷,莫忘当轴此恩波。"

清末的成都还存在着各种陋习,比如有各种各样的赌博,如斗鸟、玩牌、打麻将等,这些活动经常在街头、巷尾、桥下、茶楼、烟馆、妓院等地方进行。

周孝怀担任巡警道时,就力图革新,派出警察大肆搜捕赌徒,收集赌窝和赌徒的有关信息,一旦发现,立即抓捕,或罚款,或体罚。以前买糖果、糕点、花生的小贩可以采用打赌或抽签的方法诱使小孩买他们的东西,这种被社会认可的流行方式现在也被禁止。在这样严厉的措施之

劝业会颁奖仪式

下,赌博现象虽然没有完全消除,但得到了一些控制。一九一〇年春,警察机关试图斩断赌博的根源,规定三天之内停止一切麻将器具的生产和销售,销毁所有储存的麻将用品,任何人如果再制造麻将产品,都要受到严厉惩罚。

从禁止赌博到禁止麻将,反映出改良者对赌博的愤恨,同时,也是对成都最流行休闲活动的否定。警察机关的这一系列行动并没有杜绝赌博,反而引起了成都居民的强烈不满。短暂的沉寂之后,非法赌博又逐渐兴盛起来。

旧时成都的街头经常遇见形形色色的乞丐,这有损成都形象。周孝怀认为应从根本上解决这"既害治安,复乱秩序,且于都邑外观亦甚不雅"的状况。

周孝怀上任之后,就命警察局把寺庙和旧日的粥厂改建成教养工场,安置乞丐,强制他们劳动。一九〇五年成立的一家工厂,专门收容穷人和乞丐,不仅教他们劳动技能,还对他们实施教育,反映出社会改良者对穷人道德观的偏见。建于同年的"迁善所"承诺给犯过较轻罪行的人再就业的机会。第二年,警察局又在东门和南门建立了两家乞丐工厂,半年时间先后收入一千五百名乞丐到厂做工。

这一系列措施,让成都的文明化逐步加强。此外,他在官方倡导、企业支持、行业自律的基础上,组建了"戏曲改良公会",同时,还利用青羊宫花会,开版劝业会,全省各县之特产及手工艺品都来此展销。

辛亥革命之后,周孝怀就离开了成都。但他对成都的改良运动,却记在了成都人的心里。

周孝怀的力书

王闿运与蜀学

所谓蜀学，即是关于巴蜀文化的研究。其又有有狭义、广义之分。广义包括蜀中学人的一切学术，主要表现在易学、史学、文学三方面，其特征可用"文史见长"和"崇实不虚"来概括。狭义"蜀学"一般指蜀中学者的"经学"或儒学。

不过，最近几年也有人提出了成都学，但就学术而言，这并没有成规模。蜀学的发展，大致可分为三个历史时期：

两汉时期。文翁兴学，儒学在蜀地得到广泛传播，改变了本地"蛮夷"之风，从此蜀地人才济济，文章大雅，不亚中原。其中最有代表性的是"汉赋四家"中的三家：司马相如、扬雄、王褒，他们也是学有专精的经学家。

两宋时期。在文学上，唐宋八大家的席位蜀人独得其三（三苏）；史学上，"隋前存书有二，唐后莫隆于蜀"；经学方面，更有程颐"《易》学在蜀"的感叹。以"三苏"父子为代表的"蜀学"，终与二程"洛学"（即理学）和王安石"新学"鼎足而三，共同构成当时中国学术的三大主流。

第三次高潮即是晚清。尊经书院创办，张之洞、王闿运促成了蜀学与江浙、湖湘的学术交流与融合，蜀学得以蓬勃发展。其重要特征是摒弃陈腐的"八股"时文，注重对儒家经典的传习和研究。

这里只说尊经书院带来的影响。一八七四年，原任工部侍郎的薛焕联络官绅十五人，上书川督吴棠及学政张之洞，以锦江书院习制艺八股，不合时势要求，请予再创书院一所，继承文翁之教，以"通经学古课蜀士"，定名尊经书院。

第二年春天，书院就在位于城南文庙西街石犀寺附近建成，招生开学。这所书院以全省盐税盈余及学田数百亩租入为经费，十分充裕。学生不交学费，还月领"膏火"银四两。学生是由省内各

王闿运像

府按比例在具有秀才、贡生资格的生员中选拔，再由书院依人品学问的高下择优录取。第一批百余学生，是从全省三万多名生员中选拔而来的。张之洞很自豪地说："通省佳士，大率心志者尽在书院。"

在书院初创时，张之洞就邀请著名学者王闿运为主讲。王未能来川。王闿运（一八三三年至一九一六年），晚清经学家、文学家，字壬秋，又字壬父，号湘绮，世称湘绮先生。咸丰二年（一八五二年）举人，曾任肃顺家庭教师，后入曾国藩幕府。丁宝桢继任川督，再次邀王入川，一八七八年十一月九日，王闿运由长沙出发，十二月二十七日抵成都，主持成都尊经书院，在成都主讲八年。

尊经书院的办学方针、课程设置、学规、章程等重大决策，均系张之洞悉心拟订。他在《创建尊经书院记》里，分列：本义、定志、择术、务本、知要、定课、用心、笃信、息争、尊师、慎习、善诱、约束、书籍、释疑等十八条，阐述了"建制书院之本义与学术教义之大端"。在此期间，他还写有《书目答问》。

王闿运以经史词章等实学教授学生，分经授业，按时讲肄。他对学生要求严格，规定每日读书必记录心得，山长依次审改评定。作业不准抄袭陈文，更不能请人代笔。学生必须抄书，以抄助读。至于学生的优秀文章，书院选刊为《蜀秀集》，后续至三集，刻版印行。

后来，张之洞在调任回京的路上，还给继任四川学政谭宗浚写信说："身虽去蜀，独一尊经书院，惓惓不忘。"他还向谭宗浚推荐了五位学生，其中就有"戊戌六君子"之一的杨锐和对康有为的变法思想启发甚巨的学者廖平。

在主持尊经书院时，王闿运写了一副对联：考四海而为㠀；纬群龙之所经。这一时期，尊经书院为四川培养了大量人才，这些人物在以后的文化洪流中，依然是占一席之地的：

宋育仁，被誉为四川历史上"睁眼看世界"第一人，一八七六年被张之洞赏识，与雅安吴之英、井研廖平、绵竹杨锐等一起进入尊经书院，后来四人被称为尊经书院四杰。

吴之英，名山人，十八岁入尊经。一八八二年赴京参与优贡考试，名列第二。一八九七年宋芸子任尊经书院山长，被聘为都讲。宋介绍其参加了蜀学会。参与了《蜀学报》的工作，杨锐被杀后辞官归隐。

廖平，一八七六年被选入尊经书院。在进入尊经书院的头几年里，廖平系统攻读了《说文解字》、《尔雅》等训诂之书以及其他金石文字，觉得字字有意，远胜唐宋文章。后成为一代经学家。

杨锐、刘光第，清末维新派人士。两人均毕业于尊经书院。后绵竹修杨锐祠，王闿运撰联：丹心报国死何辞，恨未血溅帝衣，明臣非罪；青史垂名期不朽，果能书宗董狐，做鬼亦雄。

成都藏书家严雁峰，陕西渭南人，一八七九年正月十二日《日记》云："刘生复引严生来。陕西入学，有志于学。送绣罄等为贽。"严家富有，在骆公祠街（今和平街）置产，专事刻书。传说他觅得宋本《柳宗元文集》，因此筑柳馆以藏之。是他创建了民国著名的藏书楼贲园。

骆成骧是四川最后一个状元，九岁随父就读于成都锦江书院，十四岁应州试，旋以岁试第一名调尊经书院，为王闿运所器重。在尊经书院近十年的时间里，饱读群书，但接连参加三次乡试都落榜。一八九三年，第四次乡试中以第三名经魁中举。后来，王闿运离世，骆成骧撰写了挽联：广陵散从此绝矣；灵光殿独存巍然。

王闿运的弟子还有蒙文通、李劼人、郭沫若、周太玄、魏时珍、王光祈、李璜、巴金等人，以及"只手打倒孔家店的老英雄"吴虞。吴

虞新都人，少时曾从吴之英学诗文，从廖平习经。一八九一年入尊经书院。张森楷也是他的弟子，一八七六年，因才华出众，学业优异，为四川学使张之洞重视，特手谕遴选入州学，定为秀才，一年后又特选入成都尊经书院深造。因好发疑古言论，被院方以"离经叛道"名义削籍除名。

除了教书之外，王闿运还有丰富的生活，在《湘绮楼日记》里记录下他在成都生活的片断。

且说廖平自不甘落后，他与"五少年"之一的张祥龄常常向王闿运执经问艺，每至夜深。初时，闿运见廖平粗衣布鞋，土里土气，不善言辞，对他不甚重视。后见他为学勤奋，见解深刻，于是刮目相看，成为至交。春秋佳时，师徒数人常郊游览胜，风流倜傥；廖平学业有成，更是师徒同乐。

一八七九年六月，廖平与同学八人从闿运出游，《日记》中曰："从曾园登舟，溯回溪月，遂至三更。竹蕉滴露，坐听鸡鸣。"同年九月，廖平等报考举人，《日记》说：

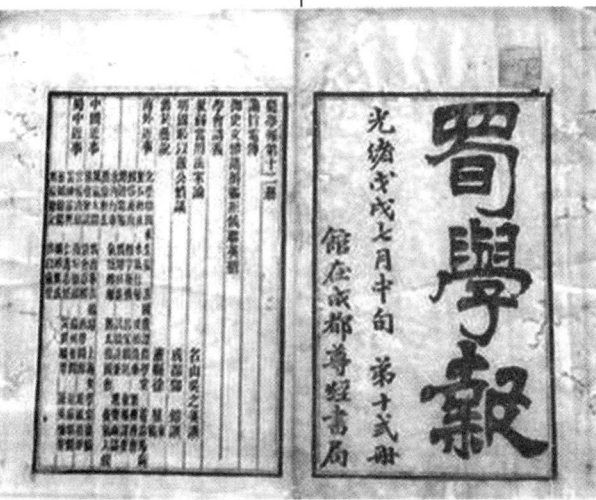

尊经书院所出版的蜀学报

"今夜放榜,与季平坐谈至三更。季平醉去,余就寝。半觉闻炮声,起披衣,未一刻,报者至矣。院中中正榜二十一人,副榜二人,皆余所决可望者。……顷之,季平等入谢,已鸡鸣矣。谈久,乃还寝。"

几天后,王率新科举子出南门,访百花潭,公宴于二仙庵。诸生题名志喜,王题诗其后:"澄潭积寒碧,修竹悦秋阴。良游多欣遇,嘉地眷云林。"

一九〇三年,锦江、尊经书院与四川中西学堂合并为四川通省大学堂。但其培养的学人已在巴蜀大地上开新时代的风气。《四川近代史稿》云:"尊经书院成为培养四川人才的摇篮,为四川早期近代知识分子的产生准备了一定的条件。"

张大千的成都地图

著名画家张大千虽不是成都人，但在成都居住的时间有十多年光景：少年时代他就是从成都出发，前往上海求学；一九三八年，他为躲避战乱从北平来到成都，在此生活了多年……张大千的艺术生涯与成都有着紧密联系，因此，他也被列为成都画派里的一员。

成都和平街十六号

在成都，曾有一座媲美天一阁的私人藏书楼贲园，它就位于今天和平街十六号的四川省图书馆宿舍里。一九三五年，通过四川军人张重民介绍，严谷声认识了张大千，当时张大千已闻名画坛，有"南张北溥"之誉。两人一见如故，畅谈金石书画，相见恨晚。自从两人同游华山后，再次见面却是三年后的一九三八年。张大千从北平脱险，只身回到成都，严先生知道后亲自将院侧客厅改建成画室，特为大千做一张巨型楠木画案，邀请大千及其家属、弟子居住。大千西去敦煌皆赖贲园为基地。启程前之准备，其间之休整补给，归来对素材之加工，常在贲园进行。

在贲园的两年时间，张大千完成了《杨妃戏猫图》等作品。此后他前往敦煌莫高窟临摹写生，回到四川后，在严先生和好友的帮助下，一九四四年一月在提督西街展出了临摹的敦煌巨作，轰动了文化界。

后来，张大千带着七十八幅敦煌临摹壁画飞赴台北，之后张大千再也没有回过自己的故乡。一九八二年三月初，有人从长江三峡入川访问后，到台北访问大千，赠送了一份他渴望的珍贵礼物——一包"故乡成都平原的泥土"。手捧泥土，张大千老泪纵横，泣不成声。

青城山上清宫

抗战时期，张大千曾在青城山生活了三年之久。张大千举家寓居青城山，便住在上清宫，相邻有易君左。前不久，我到访上清宫，查看了张大千故居，一如往昔。现在上清宫高过屋顶的一百多株梅树便是张大千当年从敦煌回来时栽种的。青城山的非凡的道家文化魅力与清幽空灵的美景给张大千带来了无限的创作灵感与欲望。张大千在后来的回忆录中称，其作品"青城半万幅自不敢说，一千幅是有的"。

他的这些作品有的馈赠给青城山友人，有的刻于石碑。至今保存基本完好的石碑有"鸳鸯井"、"麻姑池"等十余处。这个半仙似的画家与青城山有着割不断的缘分,他还自号"青城客"。

上世纪六十年代,他在巴西圣保罗创作巨幅《青城山全图》,供自己与家人卧游。上世纪七十年代移居美国蒙特瑞,他又画了《青城山第一峰》,寄托怀念之情。他晚年常说:"看山还是故乡青。"张大千晚年所创作的"泼彩"画法,就是思念青城烟雨独创出来的新画法。有研究人员指出,张大千是一个在巴西筑园都依照中国古典风格的"老古板",他对青城山情有独钟,显然是感应于它的独特气场,而不是其他。

团结镇永定村

国画大师张大千先生曾经在团结镇永定村居住。上世纪四十年代,为躲避战乱,张大千先生经林思进(民国四川文坛泰斗)介绍来团结镇钟家院子居住。当年,大千先生在这里创作了许多蜚声中外的名画。

据当地群众介绍,抗日战争时期,张

张大千与友人,与老虎在赉园合影

大千举家搬迁到此,由于时局动荡,加之家中人口众多,这位知名画家生活也陷入拮据,只得卖画为生,张大千的作品便多流传到当地普通人家中,当地一些居民至今仍然保存有张大千的墨宝,如果你运气好,或许还可以在休闲之余淘到张大千的真迹。

张大千故居距离团结场镇仅两公里,张大千的两个女儿就在这里出生,如今她们分别定居于中国台湾和美国,然而生于斯长于斯的那份回忆却始终难以泯灭,于是她俩几乎每年都要回来看看。"张大千在团结镇生活的经历给人以美好的回忆,镇上有着许多关于这位知名画家的传说。"团结镇表示有关部门,结合社会主义新农村建设,团结镇将引入民间资金恢复张大千故居,并修建陈列馆,"我们的这一构想已得到张大千女儿的支持"。

金牛宾馆

"大千茶居",位于金牛宾馆内的这座

青砖小院,看似普通,却是国画大师张大千在大陆的最后居所。据有关专家介绍,该房宅建于一九四七年,竣工后,张大千先生便与四夫人徐雯波及其学生住在这里。

成都档案资料记载,抗战期间,这里曾是国民政府的行营疏散区,便于居住于城内的显贵躲避日机轰炸。

一九四七年,大千寓所建成,当时的张大千新婚不久,他与成都人徐雯波结为连理,两人同住金牛坝的新居。和他们一起居住的还有张大千的弟子肖建初、何海霞、刘力上等。这时,金牛坝还保留着田园风光,长满青松、银杏、古楠,在菜花和苕花开放的季节,金牛坝一片繁花似锦。居住于此的张大千偶尔植树,金牛坝门口的一棵大树就是张大千亲手种下的。

张大千的弟子之一何海霞专为金牛坝题词"大千居士画屋"。如今,同样的一块牌坊静静靠在院墙下的角落里,已经布满尘埃。

在金牛坝居住的近三年中,张大千整理敦煌壁画,画巴山蜀水,创作了大量作品,达到了他一生中的第二个艺术高峰。一九四一年春至一九四三年夏,张大千携家眷、弟子赴敦煌临摹自北魏至宋元时代的壁画精品二百七十六幅,并为石窟编号(学界称为"张氏编号")。在金牛坝期间,就是张大千投入敦煌壁画整理的重要时间,为此后《张大千临摹敦煌壁画展览》在国内外的展出奠定了基础,著名学者陈寅恪撰文赞曰"敦煌学领域中不朽之盛事"。

张大千离开成都后,大千寓所得到了妥善的保护。一九五七年,在筹建金牛宾馆时,人们没有因艺术家的离去而拆建,而是很好地保留下了它的遗址。后来金牛宾馆随着社会发展逐渐扩大,最终又把张大千故居包容进去,形成一个独特的文化景观。

江梵众的圈子

最近几年,成都悄然流行起了成都画派的概念,还做出了"成都画派百年百人展"的活动,这推动了成都艺术的发展。不过,以这个名单看,更多的艺术家却似乎被有意识地遗漏了。比如巴蜀著名画家江梵众——他曾与友人创办蜀艺社,常常为成都著名报纸《新新闻报》撰稿,多次举办画展和联展,且与不少艺术家有来往,也是丙戌金石书画研究会创始人之一,可惜的是,该研究会对这段历史的记录并不是太多。

江梵众(一九八四年至一九七一年),字少舟,斋名喜舍庵,四川成都人。蜀中著名山水画家,著有《喜舍庵诗存》和《绿筠屋近毫》,他曾和陈蓉峰撰写了《清代蜀中画家传略》(一九五六年)等。他的书画多有传承,如其子江苹亦为川中画家。

蜀艺社

在我看到的介绍中,江梵众是蜀艺社的组织者。一九三七年,成都的美术团体只有蓉社和蜀艺社,而蜀艺社是蓉社的延续,成立于一九三五年,社长叶绍尧,副社长罗一士。蜀艺社的成员有五十多人,也有不少是军政要员,后来喜欢书画、参与到其中的主要成员有江梵众、罗一士、芮敬予、罗文谟、冯灌父、叶绍尧、林君默、高少安、关麟徵、韦辛一、余中英、韩鹤卿等。后来,张大千也加入到了蜀艺社。芮敬予、罗文谟先后任蜀艺社社长。

蜀艺社的社址就设在成都玉泉街陈国栋私人图书馆内。陈国栋(一八七九年至一九五四年),原名言保,字益廷,四川省郫县人。曾任川军第七师师长和川北卫戍总司令。一九二五年下野后,任四川盐运使。在成都从事公益事业和慈善活动,开办有医院、图书馆、学校。一九四〇年创

江梵众像

办福川银行,任董事长。喜好古玩、书画,也是蜀艺社会员。

在活动内容方面,按社例每到会社员必须携本人所作书画作品展示于壁,供人观赏并有当堂示范讲解;为青年学生改画,使学生受益不浅。活动时间多安排在星期日下午,会毕欢宴而散。一九五一年蜀艺社的集会活动停止。

在短短十余年的时间里,蜀艺社在推动艺术发展方面有着重要的影响。如范昶曾寓居成都,与蜀艺社诸公诗酒唱酬。著名书画篆刻家、美术教育家马万里在抗战时期客居四川,应徐悲鸿、张大千之邀入"蜀艺社",常有合作。

川剧名家周企何也跟蜀艺社社员如林君墨有来往。一九三九年,著名国画大师张大千回川举办画展,周企何参观了画展之后,被大千先生所吸引,便托"蜀艺社"友人引荐,请大千先生前往悦来茶园观看其演出的《请医》。周企何所饰演的庸医温德栋,雅趣盎然,看得大千先生掀髯大笑。

蜀艺社在抗战时期经常为抗战组织书画义卖等活动。蜀艺社对成都艺术的后来发展也有影响,如画家李行百加入蜀艺社后,拜芮敬予为师,研修中国画理论及画史,追随谢无量学文物鉴赏,从张大千、赵少昂研习中国画。

唱和

文人唱和,也是中国文化的传统之一。在成都,江先生交游极广。四十年代初,江先生更有机会结交到因避战而入蜀的文坛巨匠商衍鎏、傅抱石、徐悲鸿、黄君璧、谢稚柳、董寿平、常书鸿等人,他们都极推崇江先生的画品。蜀中名流谢无量、张大千、向楚、林山腴、刘豫波、陈子庄等亦与其交往甚密。

张大千在成都期间,住在和平街十六号,与江先生是邻居,来往颇多。他曾与江合写山水册页八开。张画金碧,江写浅绛,风韵各异,一时传为艺林佳话。一九四三年江先生与著名画家张寒杉在成都举办作品联展,颇具影响。为此,张大千亦有诗句留存:

寒杉笔底有鳞峋,梵众超凡一散僧。
羞与二公说绳尺,君看天马自奔腾。

江梵众先生曾画有江南山水一帧,四川大学教授曾缄有《题江梵众画江南山水》:

七载驰驱积雪间,马头千嶂历边关。
而今意气消磨尽,看写江南淡墨山。

依旧青山似六朝,江郎梦笔花中骄。
如何郁郁东南气,却向微云抹处消。

书法家谢无量与江梵众多有来往,在一九四五年为江梵众画作赋诗《题江梵众画佛寺归僧图》：

听罢伽蓝一夜钟，晓来扶杖过桥东。

等闲会得秋消息，万绿漫山几叶红。

抗战中，江先生与蜀艺社同仁，来川书画界名流经常聚会唱和。一九四六年在雅安举办个人画展，与故友曾缄，刘芦隐、程穆庵常于近郊金凤寺聚会，畅叙友情，讨论书画，议论时弊。江为曾缄画《三山雅集图》，由向楚先生跋咏。同情刘芦隐先生反蒋受迫害，软禁雅安。赠诗："昔日乌台事可悲，十年芦雅咏奇诗。入山唯恐人相见，珍重云英采药时。"又赠长沙程穆庵先生（程千帆之父）："寒蝉抱木夕吟秋，身远长沙有泪流。久滞汉嘉山郭里，鸡栖风雨屋如舟。"

时局艰险，固不知何去何从，但不妨作画吟诗。这种幸与不幸真不可等闲视之。从江先生的交往中，我们大致能看出那个时代的风貌，也可看出他的交游甚广。

几件小事

江梵众跟张大千的来往，始于张大千居住于和平街，后来，江先生的公子江苹也拜张大千为师。

江苹回忆，在一九四七年，他十三岁时，张大千到他家中来看望江梵众，江苹见到张大千兴奋不已。他还记得第一次见到张大千的情景："大千先生面色黑中透红，目光炯炯，黑发黑鬓，精力过人。头戴纱帽，身着长袍外套，古铜色团花马褂，足上穿的是白布鞋袜，手持文明杖。"与张大千一同前往的约五人，其中还有何海霞以及天津的刘君礼。江梵众领着张大千到画室参观，在看了江苹的几张画作后，张大千评价"此子虽小，还有悟性，若好好学习有所

江梵众作品

作为"。江苹随即在地板上磕了三个响头，从此拜张大千为师。几天后，张大千派弟子送给江苹几幅手稿，要其临摹，其中一幅"贵妃戏鹦图"江苹一连画了三幅。江苹在拜师张大千后更加勤奋绘画，张大千秀、美、雅、奇的绘画风格深深影响了江苹以后的绘画创作。

新旧交替的一九四九年，江梵众先生写诗作画，过得依然自在。在耳顺之年时，他"效白居易新乐府体"写了一首《御河清》：

皇城东西水，周遭如带束。恃之备内战，战斗亦已酷。滇黔军频兴，烽焰连天烛。斩杀人如麻，洞胸断手足。谁家骨与骸，一任委沟曲。窜避有孑遗，也曾血中浴。伤哉命如丝，劫风吹断续。成都自解放，快乐真无量。青羊建新村，卜筑最高旷。移居瓦屋堂，老幼欣相向。浚此复为池，池上芙蓉枝。瑞云五色现，下映清江湄。风前纱縠软，雨后琉璃姿。小艇荡鳞波，恰受两三儿。年来春更好，杨柳绿丝垂。楼居洞房丽，远步踏车驰。业余有所休，广场任春嬉。孰云关世运，万事在人为。人有衣食需，唯物理最宜。治乱甚分明，大道在无私。垂老见太平，把酒一盅持。

再后来，他的绘画生活还在继续，不过，这时只能根据伟人词意画画松柏，以表达跟得上时势，至于其他闲情逸致，就渐渐地在作品中消失掉了。

严谷声和贲园

因对一些地名的不太熟悉，就时常需借助这样那样的工具书，但即便如此，也因书写的时代和撰稿的差异呈现出不同的姿态。如对一条街道的描述，以及街上的风物也大不相同。那天，我去和平街十六号访成都著名的藏书楼贲园，依稀可见当年的旧影。查查手头出版于一九九二年的《成都城区街名通览》，关于和平街记录并不是很详细。

今年夏天，我见到画家唐劳绮老师。她画有一幅当年的贲园草图。她说，和平街十二号住的是其外公、著名画家江梵众，两人来往密切。中间隔一厂家，再就是贲园——成都的天一阁。贲园，民国时期的私家藏书楼，里面的藏书在四川乃至全国都占有一席之地。在近百年的历史中，贲园的藏书规模曾达三十万卷，比宁波的天一阁还要多；这里还留下了章士钊、顾颉刚、陈寅恪、张大千、叶圣陶、张寒杉、谢无量等人的身影。

如今我们所见到的贲园，是一座石库状的建筑，长约二十米，宽约十米，整个建筑的风格中西合璧、大气厚重。基座的大象和祥云的浮雕已经风化，斑驳的青砖灰瓦也越发陈旧。书库中部的大门为满月形门洞，上方缠绕着肆意舒展的藤蔓。二楼为西式建筑特色的小阳台，上端有一匾额，用隶书题着"书库"二字。由于年代久远，匾额暗淡失色，表面翘起片片漆皮，"书库"二字虽清晰可辨，但也斑斑驳驳。

贲园的第一任主人名叫严雁峰，其养子严谷声把藏书楼进一步扩大。据其后人严韵嘉回忆，当年严家前门在和平街，后到桂王桥西街，严府原址为三国时期蜀国大将赵云的府邸，又名子龙塘。府内有三个大花园，翠绿的竹林环绕四围。贲园还有一层地下室，是为让书库恒温而挖的。教育学家陶亮生曾这样描绘过贲园："书库建在花园中，系楠木结构，高大宽敞，外石，通户牖，为石库状，周围种植银杏、幽篁，冬暖夏凉，清新雅洁。"

贲园的主人是陕西渭南人严雁峰。清雍正年间入川，他开拓盐业致富，储文献，弘扬儒学，终成藏书大家。严雁峰曾就读于尊经书院，所学甚

清末民初严雁峰先生所刻贲园印章原件

广。甲午战争即将爆发之时（一八九四年），他正在北京准备参加科举考试，以巨资购进大批古书，运回四川。

最为经典的故事是，路过西安时，听说有人准备出卖一千多部书籍，虽要价不菲，严雁峰毫不犹豫地花钱全部买下。后来，当他听说清军提督唐友耕之孙因为家道中落预售藏书时，便亲自去唐家求购。这一次购书达六万册，将书库充实了起来。

数年时间，严雁峰的藏书就高达十一万五千多卷，为了更好地保存这些书籍，他把书运到大慈寺一带暂存之后，买下和平街的景勋楼，一九一四年，更名为"贲园书库"。之所以用贲园这个名字，就是取了"贲"字"气势旺盛、高起来"的意思。

贲园是按照皇家档案馆皇史宬设计的，修建时间长达十载，一直到一九二四年才落成。当时贲园四周银杏参天，花木掩映。书库四壁有通气孔，使库内空气流通，板壁上加一层铁皮，不让湿气侵入。书库的书架和书柜全部用楠木和檀木制成，极为华珍。此后，他再未踏入官场半步，而是潜心收藏古书，并以此为乐。到了晚年，严雁峰甚至变卖自己经营多年的盐业，用所得的数万元巨款购书。

严雁峰去世后，其养子严谷声花了两年时间，请人彻底整理书目。对于书籍的保护，他也花费了很大的心血。据严韵嘉的大哥严韵谟回忆，当时祖父雇了三个人，专门看守书库里的书籍。家人如想进入书库，必须得到严谷声的同意。

贲园对虫蛀、水沤、霉烂、发脆、脱页、断线等都有完备的预防设施。每年春天，严谷声都会雇人翻书，具体工作就是坐在书库内不停地翻动书页。翻书是为避免虫蛀和湿气的浸润，避免书页生霉、发脆。严谷声专门请文盲来翻书，因为他们不识字，不会停下来看书，只顾翻。

严家父子穷毕生精力，倾万贯家产，矢志搜集古籍文献。近至成都，远至北京、南京、天津，乃至日本的书商，一旦有了珍贵的善本、孤本，都千方百计联系贲园，把书送来。严雁峰曾告诫儿子说："读书难，藏书尤难，藏之久而不散，则难之难矣。"

此外值得一说的是，贲园里的题字颇多，最有名的还有严雁峰自撰请于右任书写的一副对联："无爵自尊，不官亦贵；异书满室，其富莫京。"

孤本、善本是判断一座藏书楼价值的主要因素，贲园所藏的许多善本一向为藏家所羡慕。《梦溪笔谈》是北宋时沈括的名著。民国时，人们知晓的最佳版本是宋乾道本，但这个版本有一定的缺失。到了明朝时期，出现了内容更为完备的"马元调本"珍版，历代收藏家皆苦觅而难见踪影。这本海内珍本即为贲园所收藏，共计三十卷。

此外，贲园还藏有孤本宋版《淮南子》《淳化阁双钩字帖》，顾炎武的手稿，以及曾国藩的来往信札及用兵的山川地图。到了上世纪四十年代，贲园所藏书籍已达三十万卷，经、史、子、集四部皆备。其中，善本(含孤本、手抄本)逾五万卷，自刻书籍木板三万多片，全国两千八百余县县志具备无遗，居当时国内私人藏书之冠。

严谷声的墓志铭记载，抗战胜利后，孙科要求严谷声将藏书作价两百万元出让，并许诺让他出任国史馆顾问，美国哈佛大学也出价五十万美金收买严氏全部藏书，日本文禄堂也以高价收购地方志及四川城镇户口簿籍，但均遭严谷声拒绝。

一九四九年后，周恩来通过邵力子致函严谷声，对他收藏和整理古籍的事业表示敬重。一九五〇年，严谷声将这些保存完好的典籍悉数捐赠给国家，由四川省图书馆妥善收藏。

贲园藏书众多，但严谷声日常生活却很节俭。据唐劳绮回忆，严谷声生活简朴，从来都穿马褂、长衫(中式)，那时，他连中山装都不穿。上个世纪五十年代，外公与

书存金石气　室有蕙兰香　于右任

客居贲园的于右任先生墨宝

严谷声相聚时，总是要喝二两酒，用小茶杯装着。酒是绵竹大曲，再买两分钱花生米，或是两小块豆腐干。"酒杯很小，只能装三钱。在我的记忆里，严爷爷酒量小，一般只饮一杯。"两人饮酒高兴时，江梵众吟诗，特别高兴时，严谷声也会附和着吟诗一两首。唐劳绮回忆说，一九六三年她升入成都第一师范学校时，严谷声听说之后，送了两元钱给她。

将藏书捐赠给四川省图书馆之后，严谷声继续在成都生活。唐劳绮回忆说，严谷声随后也从贲园搬了出来，住在老玉沙街(太升路口附近)两间小房子里，外公(江梵众)带我去过一次。没有两年，又叫他搬到一号桥附近(游乐园河对门的河边)，这属于城墙外，离家五十米远就是坟地，外公也带我去看他。他进入省文史馆后，有了每月几十元的工资，在隆兴街(岳府街三义路口)一个院子后边的小楼上住下，两间房，同女儿住一起。他院子的后对面对着和平街小学(现在的肖邦大厦下)。尽管居住条件一再变化，但严谷声过得依然自在，毕竟贲园的藏书无需他再操心了。

张充和在成都的岁月

成都文化的发展不能不提到上个世纪的抗战时期,此时,西南作为抗战的大后方,大学内迁,学者、艺术家、作家纷纷避居于此。在成都,就留有不少文化名人的身影,比如朱自清、钱穆、陈寅恪、马悦然、李约瑟等等。昆曲大家张充和来到成都也是在这一时期。

关于张充和来成都的缘由,有两种说法,有一种是跟诗人卞之琳有着极大的关系。抗战时期,卞之琳与张充和聚散漂泊,聚少离多。一九三七年八月,朱光潜聘请得意弟子卞之琳为四川大学文学院的外文系讲师。同年十月十日,卞之琳一抵达成都,就给避居在合肥老家的张充和写信,邀请张充和到成都去谋求一个发展的机会。

张充和到成都还有一个理由是,因当时战火从北方迅速向南方蔓延,张充和的家人大多滞留于成都。于是,张充和离开了合肥的乡下,辗转走向成都。此后,她又去了昆明、重庆等地。

一九三八年三月中旬,张充和到了成都。一时未能找到合适的事情来做,就暂时借住于二姐张允和家里。此时,张允和在光华大学成都分校任教。刚在成都办学时的光华大学,租住新南门内王家坝街房屋为校址,后迁至光华村。一九四三年,张允和的儿子周晓平中流弹时其住址是在华西医学院附近,想必,二姐张允和家是一直住在这里的。

张充和在成都的生活如何?从现有的资料看,此时的卞之琳时常给她以关怀。比如他生怕刚刚来到一个陌生环境的张充和无聊,就常常写信与张充和交谈。那一段时间,他们之间谈论的话题很广,天南地北,海宽天阔,只要能给战争气氛中的张充和带去一点的安慰,卞之琳都一一满足。

不过,就在成都居住期间,在张充和身上还发生了一次"离家出走事

张大千为张充和所作的画

件"。关于此次事件,作家张昌华在《最后的闺秀张充和》里说:

二〇〇五年秋,充和四弟宇和亲口对笔者说:"当年在成都,四川大学的几位热心教授,给诗人帮腔,定期设宴,邀四姐出席。四姐讨厌这些,一气之下悄悄离家出走。一周后家人从报纸上才知道,原来她独自一人上了青城山,在为上青宫道院题写诗作时,正巧被一游山的大名人看到,那大名人要四姐为他写字,四姐没有睬他们。'名人'的随从中有好事之徒,将此事作为'要人行踪'登了报。"宇和又说:"得信后,家里要我去找,那时四姐出走已十天了。我坐在汽车上看到四姐戴个大草帽坐在人力车上,与我擦肩而过。我下来追,四姐见有人来追叫人力车蹬得更快。我请后面骑自行车的人带口信给四姐,说是弟弟在追她,她才停下来。"

这里所说的诗人,即卞之琳。至于卞之琳离开成都的原因,有人推测说,一九三八年春夏间,张充和在成都青城山作《菩萨蛮》、《鹧鸪天》、《鹊桥仙》词三首,并给卞之琳看过初稿。其中《鹊桥仙》一词云:"有些凉意,昨宵雨急,独上危岑伫立。轻云不觧化龙蛇,只贴鬓凝成珠饰。连山千里,遥山一碧,空断凭虚双翼。盘老树历千年,凭问取个中消息。"这首词显然含有激励亲近者,更奋发投身家国大事的意味。而此时的卞之琳,也认为"大势所趋,

由于爱国心、正义感的推动,我也想到延安去访问一次,特别是到敌后浴血奋战的部队去生活一番"。于是在一九三八年的夏天,他和好友何其芳、沙汀夫妇到了延安。此后,他们就断绝了往来。据张昌华透露,在一九八〇年代,卞之琳赴美探亲,还专程到充和府上拜访,将他偶然得到的四十年前沈尹默为张充和圈改的诗作手稿送上,还写了篇深情款款的散文《合璧记趣》。

在成都的文艺表演中,除了昆曲,还有一种川剧与昆曲的融合——川昆。此时虽然是抗战时期,昆曲在张家日常生活中仍多次出现。张充和在成都演出昆曲《刺虎》,轰动艺林。一日,张充和与舞蹈家戴爱莲同去拜访张大千,在张大千家中(此时借住在藏书家严谷声的家里),戴爱莲跳了一个舞,张充和唱了一段昆曲《思凡》。演出完毕,张大千极为赞赏,遂画两幅小品为赠。一为仕女持扇立芭蕉下背影,暗寓张充和演戏时之神态。一为水仙花,象征张充和演《思凡》时之身段。均题上款曰"充和大家"。在第一张画作上的钤印为:"张大千(白)蜀客(白)。"作者落下的款识是:"充和大家清属。爰。"

关于张充和与张大千的认识,早在一九三六年,张充和就写过一篇《张大千画展一瞥》,发表在《中央日报》副刊上,而张充和跟他的认识则是在成都。后来张充和

回忆说:我是在四川成都的时候和张大千认识的,他对我很不错,一共送我四张画,两张是小的……一张是我,我在他家里唱昆曲,梳理了一个古装的发式,他就画了我的背影;另一张是株水仙,飘逸的花束,长长的叶子,他画完了以后,我反身做了一个身段,张大千点点头说:"我画的就是这个。"

热衷于昆曲的张家二姐允和此时也参与到演出当中去。有一回,上演话剧《桃花扇》,秦怡饰演李香君,但她不会唱昆曲,导演就请张允和在幕后替唱,丁聪吹笛伴奏。张充和也应是参加了这样的昆曲演出。这也成了曲坛的一段佳话。

一九三八年十一月,张充和离开成都,去往昆明。在那里,张充和与许多学术界和文化界的名流交往密切。在昆明时期,与杨振声、沈从文、朱自清一起编选教科书,结识唐兰、马衡、闻一多等时贤俊彦。当然,在工作之余,她还是忘不了昆曲表演。

文字侦探流沙河

学者诗人集于一身的流沙河先生如今依然每天写稿。这不像是八十五岁老人的生活，每周他还跟朋友们泡茶馆聊天。这种精神在今天依然少见。在回顾他的一生时，或许不难看到成都人性格的一面。

流沙河与文字结缘，从诗歌开始，"右派"生涯，惹出的是是非非，如今依然是不绝的话题。但这并不重要，他在自己的天地里所耕耘的依然是文字。流沙河淡出文坛江湖，是非恩怨，都与他无关了。

因诗歌成"右派"

在一九八二年出版的《流沙河诗集》里，有流沙河先生所撰写的自传。他说："一九三一年十一月十一日我生在四川省成都市忠烈祠南街一个小院里。我的老家在距离成都市八十八华里的金堂县城厢镇（该镇今属成都市青白江区了）槐树街余家大院内，原是一个大地主家庭。我三岁那年随父母迁回老家的时候，家道早已式微，父辈们分了家，各自挥霍殆尽。我的父亲余营成这一房有田二十亩，算是小地主。"

若追踪流沙河的文字生涯，当从一九四八年开始，此时他在四川省立成都中学（高中部）就读，这一年秋季他向《西方日报》投稿，报道校园生活，多次刊用。在该报副刊上发表了他的第一个短篇小说《折扣》，侧写一位老师的困苦生活。在自传里，流沙河说："一九四九年春季，在成都的《青年文艺》月刊上发表短篇小说《街头巷尾》，因而加入青年文艺社，该社成员多系成都的中学生文学爱好者。同时在成都的《新民报》《西方日报》上发表短篇小说、诗、译诗、杂文共十多篇。这年秋季以高中五期学历跳考四川大学农业化学系，以该系第一名的优良成绩被录取。入学后不想去听课，只写东西。"

一九五〇年，"我想做作家，不愿返校求学，也不愿参军到文工团（纪律太严）。于是回到故乡金堂县城，在县学生联合会协助宣传工作。后来又到金堂县淮口镇女子小学教书，近一个月"。此时，他在《川西日报》副刊上发表过演唱作品和短篇小说，引起了该副刊主编西戎同志的注意。于是，第二年，流沙河编《川西农民报》副刊版兼时事版，同时发表了许多演唱宣传品，工作很努力。还发表了与别人合写的中篇小说《牛角湾》。

随后，流沙河参加了《星星》诗歌月刊的筹备工作。"星星"这个名字是丘原同志取的，他在"文化大革命"中自杀于监狱了，愿他灵魂快乐！《星星》编辑部只有四个编辑：白航（主编），石天河（执行编辑），白峡（编辑），流沙河（编辑），即"二白二河"，反右派运动中无一幸免。一个编辑部弄得全军覆没，象《星星》这样的下场，海内仅此一家，再无二例！

工作中的流沙河先生

此成为一个兴趣历久不衰的天文爱好者。后来搜集有关曹雪芹的资料，写出叙事诗《曹雪芹》，五百行"，这稿本后来在"文化大革命"中被迫焚毁。

向学者转型

在艰难的岁月中，流沙河以看书为乐：一九五八年，"工余研读《诗经》《易经》《屈赋》"。一九六〇年，"研读摩尔根《古代社会》与恩格斯《家庭、私有制和国家的起源》"。一九六二年，"被叫到省文联的图书资料室协助工作，利用方便条件，阅读大量古籍。我一贯爱读书，相信开卷有益，三教九流，来者不拒。被孤立了，无人同我往来，免除干扰，正中下怀。不回寝室睡觉，在图书室里夜以继日地狼吞虎咽地读，在沙发椅上过夜。先是研究古代天文学，从

在总结这一时期的工作时，流沙河说，从一九五八年起，直到"文化大革命"爆发为止，八九年间，利用劳动余暇，我研读了四书五经、先秦诸子、中国古代史、民俗学、古人类学、唐宋明三代的野史笔记、古代天文学、现代天文学，做了大量的摘录与索引，写了许多心得，都是写在废纸背面的。我对古汉字学最有兴趣，钻透了东汉许慎的《说文解字》，做了上十万字的笔记，并在此基础上完成一部颇具趣味性的解说古汉字的普及读物，花了我三年的时间。此稿题名《字海漫游》，约八万字，被红卫兵抢走，终不可寻。

等到"文革"结束之后，他很快复出，除了写诗歌之外，还大量写杂文随笔。同时，他的写作转向传统文化，提出不少新

见解。一九九二年,《庄子现代版》出版,这是他研习庄子的结果。流沙河曾说:"当时(一九四七年)我无心读书于课堂,有意探求于文学,狂热地阅读巴金的小说、鲁迅的杂文、曹禺的戏剧,特别是艾青、田间、绿原的诗,抄录了厚厚的一本,认为《向太阳》是古今中外最伟大的一首诗,而唐诗宋词被我弃之如敝履。我已经意识到自己是一个叛逆者了。"

向学者转型的流沙河找到了更多的写作乐趣,从名物考证到文字解说,他早年积累的传统文化知识发挥了作用。《庄子》、《诗经》、《说文解字》都属于他所研究的范围。

还原文字的世界

二〇一〇年,《流沙河认字》出版。这是流沙河集数十年之学养,在长期研读甲骨钟鼎《说文解字》和先秦典籍的基础上,伏案三年写成的,对汉字文化作出的一大贡献。而此时,台湾作家张大春的《认得几个字》也已出版,由此掀开了解说汉字文化的新篇章。后来所流行的"中国汉字听写大会"、"中国成语大会"可以说,都跟这一拨汉字文化热相关。

流沙河把自己的书定名为《认字》,既认出这个字的创造过程、历史演变,还认出这个字的文化内涵。许慎的时代甲骨文失传,而晚于许慎一千多年的流沙河,却能从出土文物中看到甲骨文字,因此对一些字的认读便更为本原更为准确也更有新见,加上又是白话写来,很方便今人阅读。书的编排别开生面,认某字便将某字甲骨文、金文、篆文、古体及楷体手书排列于页面的宽边,以方便认读该字的演进流变。

接着,流沙河以八十高龄又陆续推出了《文字侦探》、《白鱼解字》和《正体字回家》等书。他曾在书的序言里说,少时受过古文字学的启蒙,所以对简化汉字看不惯,心识其非。只是由于驯服听话,照学照用,不说二话。上个世纪五十年代被定性为资产阶级右派分子,戴上敌对帽子,留本单位监督劳动改造以后,得以苦役余暇研习甲骨文和金文以及《说文解字》。本单位领导人便知我在偷读"有毒书籍",亦容忍了。回想起来,此亦恩德,使我晚景有所自娱。这种乐观的心态,从中可看出作者遨游文字间的快乐。

在还原文字的世界的同时,他也尝试寻找文字的流变和本源,不妨称之为"薪火的自觉",这种方式与时下的简单解说汉字有着本质的差异。

成都有这样的文化传人,真是件幸福的事。

吴鸿：埋首书林　成都叙述

他不是成都形象大使，也并非传媒研究专家，他只是出版人，用自己的方式传播成都。一九八六年，吴鸿从部队退伍归来，就职于出版社。在出版这一领域，他是出版专家，许多与成都相关的书都与他相关。在现实生活中，他淘书、谈书、编书、写书，书在他的世界里是重要的天地。他爱美食，爱生活，一把竹椅，一盏清茶，几个好友一起畅谈成都掌故，好像是成都的文化人，他没有不知一二的。这一种生活方式与成都的"慢"相吻合。

在进入出版社的最初几年，吴鸿从出版的基层做起，编辑、装帧设计、印刷，整个出版流程他都一一熟悉。那段经历让他学到了与出版相关的大部分知识。他并不满足于这些，尝试编辑形形色色的书，在编书的过程中，他找到了阅读的乐趣，并成为了超级书虫。

八十年代，四川出版有了"走向未来丛书"，此外，令人叫好的图书并不多。许多书虽然也畅销一时，但能留下来的却不是太多。"有理想的出版人一定是要汲取生活养料，找到自己的特色。"吴鸿那些年编了多少好书，已没有具体的数字，但有一点可以肯定，在编书的过程中，他对出版有了更多的认知，但他并没有出去闯一闯，而是扎根于成都，为成都文化的传播做出了自己的贡献。

一九九九年前后，出版界对老城市的民俗、风土人情的关注超过了以往。此时，他抓住机遇，与同事陈维一起推出了"老成都系列"作品，一下子风靡一时，且至今依然在销售。这套书包括：《从历史的偏旁进入成都》、《民国时期的老成都》、《成都：近五十年的私人记忆》、《文化人视野中的老成都》、《市民记忆中的老成都》和《历代诗人咏成都（上下）》。系统地对成都文化进行梳理，这还是多年来的第一次。

过了不久，吴鸿从四川文艺出版社离开，投身到四川新华出版，这是新华文轩旗下的出版公司，是其布局出版、发行帝国的一部分。二〇〇五年，他策划了"北纬30度　发现成都"系列。这套书包括何小竹《成都茶馆》、愚人《川菜：全国山河一片红》、聂作平《武侯祠：逆光中的神殿》、谢伟《川园子：品读成都园林》和洁尘《城事：某种与幸福相似的生活》等等，共有十余种。无论是作者人选，还是图书装帧，都是一时之选。这个发现成都系列的推出，同样是轰动一时，让不少人对成都刮目相看：原来还有这样有意思的生活。

成都市图书馆副馆长肖平对成都的书写，几乎涵盖了成都历史上的种种，如《地上成都》、《地下成都》、《人文成都》、

《湖广填四川》、《客家人》和《成都物语》等书,都是在吴鸿的策划组织下得以顺利出版。流沙河先生曾评价说:"肖平简明扼要介绍了四川以及成都,且架构不繁而文字清爽,可读性高。他意欲唤醒川人年轻一代,知晓先人奋斗过程,以期历史资源古为今用,丰富我们的人生阅历,坚强我们的人生态度。美意如此,予甚嘉之。"

策划出版与成都相关的图书,是吴鸿职业生涯中重要的一部分。如《成都通览》、《成都城坊古迹考》、《成都诗览》和《宽思窄想》等书,都是在他一手操作下陆续出版,并广获好评的。同时,他还整理成都旧籍,推出适合当下阅读的新版本,这种普及工作让更多的人对成都有了更深入的理解。

四川出版多年以来,在图书出版这一块没有太大的起色,于是它们就成立集团,状况还是没有多大的改观,后被新华文轩收购。于是,走了一圈,吴鸿又回到了出版社体系。这一次他担任的是天地出版社副社长。

有感于四川出版界多年来并没有叫座的原创作品。他上任甫初,就于二〇一二年主持策划"读书风景文丛"系列,这一套涵盖十八种的读书随笔,是国内青年读书人的群体亮相,刚一问世,就引起全国读书人的赞叹,"在图书不景气的情况下,真是大手笔"。

成都是"美食之都",这离不开有丰富的美食文化和众多的美食家。如果说在成都人人都是美食家的话,吴鸿对成都美食的研究超过了许多美食家,他不仅好吃,而且会吃,并不断进行尝试。这种求真精神源于他对美食的喜爱。

外地朋友来成都,他一定请其尝尝成都的饮食特色,在餐桌上,他回答种种关于成都的饮食问题,一餐饭在他看来也是有着不同的境界。此外,吴鸿每次去苍蝇馆子吃饭,就写下吃情报

致力于成都文化出版的吴鸿

告。一旦经他品评,来馆子的好吃嘴就大幅增加。二〇一五年,吴鸿的吃情报告,竟结集为《四川苍蝇馆子》。

出版人能成为作家的可能性,在大陆的出版人群中数量并不太多。上海的陈昕、北京的俞晓群是其中的佼佼者。吴鸿也在写作,早在一九九五年他就出版了《怪斋杂记》,二〇一三年则推出《近墨者墨》,书的内容编排依照他的人生喜好,先是书,其次是美食,再其次为游玩,最后是交友和日常生活感悟。关于他的生活,我曾在文章里说:"书里书外,是一层境界,笑傲饮食江湖,那是第二层。再往上走,他将生活的精华不断地发达,不管是淘书、谈书、编书、写书,还是与美食相伴,他都能轻易地找到诸多事物的连接之处,就像武

吴鸿的作品《怪斋杂记》

侠小说中的高手一般,把生活的种种情态都放在文字里,既有热爱,又有一种疏离感。"

吴鸿文章的好,恰如作家老愚在《近墨者墨》序言中说的那般:他的行文,看似老实,漫不经心,其实颇有机关,常有令人会心处。他以善意揣摩人心,于是便生出一个个富有意味的瞬间。他写的不少,可出版的并不是太多。只是大多数时候,他并不想利用手头的资源出版自己的著作。

地方文化的传播、发展,看似小事,实则涉及地方文化的传播和继承。如何才能使其不至于快速消失,那就需要更多的人参与其中。吴鸿所做的事,与成都生活方式相关,他以自己的方式在讲述成都传奇。

后 记

○一

偶然，也会有朋友问："喜好成都什么？"

这个话题，可真不好回答。美食，美女，美景，美酒，可谓是成都最大的特色。但也不完全是这些。

如今，似乎越来越少关注成都这样那样称呼，东方伊甸园，也有人提过，后来没人提起。又，或者是别的什么词语，流行过一阵子，就留存在某一段记忆中了。

成都是历史文化名城，可你找寻旧迹，可能仅仅是遗址了。许多故事有的变成掌故，留存了下来，而另一些随风飘逝，不见了踪影。

有几年，我热衷于行走，在不同的街巷里，看人来人往，有种温暖在。街巷的故事，成都的历史，交织在一起，变成立体。有时，我也在想象，在华西坝遇见陈寅恪、钱穆，以及那些小茶肆，茶香飘远，故事还依然在。

这种情感，让人着迷。

在写作这部《美酒成都堪送老》时，已脱离了诗词的原意，我只想表达我观察到的，成都人适意的状态。

泡茶馆，斗地主，打麻将，成都生活，不疾不徐。如果在外地人看来，可能多少是有些孤独或寂寞的表现吧。

我理解的是，这都是寻找认同感的一种方式。

在成都生活的愈久愈能感觉到它的节拍是与自己适宜的。我的大学同学，从成都出发，到一个广阔天地去。我则留了下来，不停地在书写生活。

这部《美酒成都堪送老》是另一种尝试。

○二

这些年，关于成都的书着实出了不少。那么，再写一部是否有必要？这期间，我仔细阅读了大量与成都相关的图书及散篇零简。我想，与其泛泛地谈，不如以"我"的视角观察，如此或许有书写的必要。

因此，在梳理"我"的同时，也在听取朋友们的意见。这里有错误，那里存问题，凡此等等，让我心存感激。如果不是他们就书的内容和写作方式提供建议，这本书可能不会如此丰满。

○三

南京师范大学出版社策划的"城市文化"系列，是我喜好的一套书。今年春上，陈子善先生来成都，有幸共饭，席间，我请他给《迪昔辰光格上海》签名。他说，想不

后记

到你还有这本书。

再晚一些时候,我去南京,见到王欲祥、薛冰、董宁文诸先生,席间闲聊。蒙王先生慨允,把这部书加入到"城市文化"系列当中来。这套书的几位作者是我素来敬重的学者、作家,这次能加盟进来,真是难得的缘分。

〇四

这几年,我时常以不同的方式来打望成都,并时常关注城市发展的动态,基于这样的原因,我对成都更多了一层理解。

此外,周围不少朋友微信、短信提供与成都相关的资讯,由此我更有机会把握成都的些微变化。我曾以为,对当下的书写或记录,更有价值一些,固然,历史写作同样必要。但在我接触过一些文化老人的过程中,改变了这种看法。随着文化老人的离世,一些有价值的史料也会随着消失。在这部书里的部分篇章,我做了些许尝试。

对一个城市的观察,随着阅历和视角的不同,也会看到不一样的风景。因此,打望成都,我尽量呈现出我所看到的众多事物。

〇五

在这里,需感谢家人。某一次,我回到故乡边上的一座城市,孩子建议我回去看看,我以为前不久刚回去,没必要再回去一趟。

"怎么不回去看看呢?"于是,就很好奇有什么理由不回去。

这在提醒我,虽然我对故乡依然怀有浓厚的情感,可也不能时常回去看看,哪怕在梦里会与她相遇。那么,对日复一日的城市呢?我们又有多少时间去打望、倾听她?

有时,我们会用"迷失了方向"来形容,这是现实语境里的"迷失"。由此,我找到了一种被称作"自我"的东西。

若是没有家人的提醒,可能我也会在写这部书中"迷失了方向"。

参考书目

岱峻：《风过华西坝》，江苏文艺出版社二〇一三年版。

愚人：《川菜：全国山河一片红》，成都时代出版社二〇〇六年版。

张富儒：《川菜烹饪事典》，重庆出版社一九八五年版。

谢伟：《川园子》，天地出版社二〇一四年版。

傅崇矩：《成都通览》，天地出版社二〇一四年版。

吴世先：《成都城区街名通览》，成都出版社一九九二年版。

王嘉陵：《李劼人晚年书信集》，四川大学出版社二〇〇九年版。

四川省作家协会：《沙汀日记（一九六二至一九六六）》，四川人民出版社一九九九年版。

林孔翼：《成都竹枝词》，四川人民出版社一九八二年版。

流沙河：《流沙河诗集》，上海文艺出版社一九八二年版。

流沙河：《流沙河短文》，四川文艺出版社二〇〇一年版。

流沙河：《书鱼知小》，现代出版社二〇一二年版。

四川省文史研究馆：《成都城坊古迹考》（修订版），成都时代出版社二〇〇七年版。

叶圣陶：《叶圣陶散文》（甲集），四川人民出版社一九八三年版。

叶圣陶：《叶圣陶集》，江苏教育出版社二〇〇四年版。

王永梭：《王永梭谐剧选》，四川人民出版社一九八五年版。

曾智中、尤德彦：《文化人视野中的老成都》，四川文艺出版社一九九九年版。

李劼人：《死水微澜》，人民文学出版社一九五五年版。

罗韵希等：《成都话方言词典》，四川省社会科学院出版社一九八七年版。

江苹：《江梵众书画集》，成都嘉士阁二〇〇三年版。

政协成都市文史资料研究会：《成都市文史资料选辑（第六辑）》，一九八四年版。

政协成都市文史资料研究会：《成都市文史资料选辑（第九辑）》，一九八五年版。

胡昭曦：《四川书院史》，四川大学出版社二〇〇六年版。

吴世先、帅培业：《成都寺观与教堂》，四川科学技术出版社一九九五年版。

曾德祥：《蜀学》第三辑，巴蜀书社二〇〇八年版。

张充和著，王道编注：《小园即事：张充和雅文小集》，广西师范大学出版社二〇一四年版。